Wilfried Schouwink

Der wilde Eber in Gottes Weinberg

KULTURGESCHICHTLICHE MINIATUREN

Wilfried Schouwink

Der wilde Eber in Gottes Weinberg

Zur Darstellung des Schweins in Literatur und Kunst des Mittelalters

Jan Thorbecke Verlag Sigmaringen
1985

Umschlagbild: Wildeber des 79. Psalms, Stuttgarter Bilderpsalter, fol. 96 v, 9. Jahrhundert

CIP-Kurztitelaufnahme der Deutschen Bibliothek

Schouwink, Wilfried:
Der wilde Eber in Gottes Weinberg: zur Darst. d. Schweins in Literatur u. Kunst d. Mittelalters / Wilfried Schouwink. – Sigmaringen: Thorbecke, 1985.
(Kulturgeschichtliche Miniaturen)
ISBN 3-7995-4016-4

Gesamtherstellung: M. Liehners Hofbuchdruckerei GmbH & Co., Sigmaringen
Printed in Germany · ISBN 3-7995-4016-4

Inhalt

Vorwort

Am Bild vom grunzenden Borstentier scheiden sich die Geister. Wer hätte nicht schon einmal einen ihm mißliebigen Zeitgenossen mit Ausdrücken wie Saukerl, Schweinehund oder Ferkel bedacht? Wer es noch deftiger liebt, kann gar nach dem Vorbild des früheren bayerischen Bundestagsabgeordneten Franz Xaver Unertl seinen Widerpart mit »du verreckte Bauernsau« aus der Fassung zu bringen versuchen. Der auf diese Weise Angesprochene wird sich gewiß nicht geschmeichelt fühlen und je nach Temperament entsprechend deutlich zurückschlagen. Das Schwein hat jedoch keineswegs schon immer für derartige Bezeichnungen herhalten müssen. Im Gegenteil, es gab Zeiten, in denen der Vergleich mit einem Schwein als etwas durchaus Ehrenvolles angesehen wurde. Auch fanden sich immer wieder Autoren, die seiner weitverbreiteten Geringschätzung engagiert widersprachen. Ein behördlicher Verweis an eine ältere Dame, die ein Schwein in ihrer Wohnung hielt, inspirierte zum Beispiel einen englischen Journalisten zu folgender in Form einer Zeitungsglosse vorgetragenen Ehrenrettung:

»Die tatsächlichen Umrisse eines Schweins (ich spreche von einem richtig fetten Schwein) gehören zu den wundervollsten, üppigsten, die in der Natur begegnen. Das Schwein hat die gleichen großartigen Kurven, schwungvoll und doch gewichtig, die wir in rauschendem Wildwasser oder in rollendem Gewölk sehen. Wie man es auch anschaut, immer bietet ein richtig korpulentes Schwein dem Auge eine wohltuende Fülle üppiger Kurven... Es verfügt über jene vollere, subtilere und universalere Art von Wohlgestalt, die nur die gedankenlosen Zeitgenossen mit Mißgestalt verwechseln können.«

Derart hymnische Klänge zum Thema Schwein dürften wohl nicht jedermanns Gefühlen entsprechen. Immerhin sind jedoch in den letzten Jahren mehrere Publikationen erschienen, die dieses Tier in einem etwas freundlicheren Licht zeigen als die einschlägigen Schimpfwörter. Hier wäre insbesondere eine Reihe von Kinderbüchern zu nennen, aber auch die 1981 in Kanada herausgegebene Sammlung von kuriosen Gedichten, Geschichten und Bildern mit dem bezeichnenden Titel »Pigs. A Troughful of Treasures«. In den Bereich der hohen Kunst will Michael Rybas 1980 erschienenes »Großes Schweinebuch« einführen. Er »entdeckt« das vertraute Tier allerorten in den Meisterwerken abendländischer Kunst. Dem Kunstfreund, der feierlichen Sprache mancher Museumsführer müde, mag es ein diebisches Vergnügen bereiten, die Mona Lisa mit Schweinspfoten ausgestattet und Walther von der Vogelweide anstatt »ûf eime steine« auf einem Schweine sitzen zu sehen.

Wer jedoch nach den Gründen fragt, die dem einschlägig vorbelasteten Bild des Schweins immer wieder gerade dann zu besonderer Popularität verhalfen, wenn man in Wirklichkeit von Eigenschaften des Menschen reden wollte, der erfährt in solchen eher unterhaltsamen Publikationen kaum etwas. Ihre Autoren machen sich lediglich die landläufige Volksmeinung zunutze, die in diesem Tier vor allem Gefräßigkeit und eine mitunter drollige Unförmigkeit repräsentiert sieht. Die kulturgeschichtlichen Zusammenhänge sind in der Fachwelt, z. B. bei Kulturhistorikern und Literaturwissenschaftlern, aber nicht unbekannt geblieben, wie eine Reihe von Einzeluntersuchungen belegen kann. Im deutschsprachigen Gebiet findet sich jedoch bisher keine umfassende Darstellung, die dieses Thema einem breiteren, kulturgeschichtlich interessierten Leserkreis erschließt.

Der Autor darf von sich behaupten, von frühesten Tagen an im Haus der Großeltern für Borstenvieh gewisse Sympathien entwickelt zu haben. Das mag seine Ursache in gelegentlich im wahrsten Sinne des Wortes hautnahen Kontakten haben. Ob es nun die besondere Findigkeit der Schweine oder lediglich eine nachlässig verriegelte Stalltür war, immer wieder gelang es den Tieren, sich selbständig zu machen und entweder unserer Küche oder dem Garten des Nachbarn einen Besuch abzustatten, wobei gerade letzteres der Pflege nachbarschaftlicher Kommunikation äußerst dienlich war. Keineswegs jedoch würden diese Kindheitserinnerungen Stoff für ein Buch hergeben, hätte ich nicht während des Studiums der Literatur und Kunst des Mittelalters entdeckt, daß gerade in jenen Jahrhunderten das Bild von Schwein und Wildeber eine höchst bemerkenswerte Entwicklung erfuhr. Wer über den Symbolgehalt dieser Tiere für die heutige Zeit etwas sagen will, der muß dort ansetzen, wo ihre Bilder noch nicht endgültig festgelegt waren, sondern im Zusammenhang der verschiedenen kulturellen Faktoren, die das europäische Mittelalter formten, zur Disposition standen. In den grob gerechnet 1000 Jahren zwischen der Völkerwanderung und der großen abendländischen Kirchenspaltung läßt sich all das beobachten, was unserem Thema seinen besonderen Reiz verleiht. Die vorausgehende antike Periode mit ihren Erzählungen von gewaltigen Eberjagden lebte in der literarischen Tradition fort, und die nachfolgende, als Neuzeit bezeichnete Epoche hat, soweit mir bekannt, dem im Mittelalter entstandenen Bild von Schwein und Eber keine neuen Elemente mehr hinzugefügt.

Absender:

Vor- und Zuname bzw. Firma

Straße oder Postfach

Postleitzahl Ort

Bitte
frankieren

Jan Thorbecke Verlag
Postfach 546

D-7480 Sigmaringen

Die vorliegende Studie kann sich daher mit gutem Recht auf die Zeit des Mittelalters beschränken und darauf verzichten, wie frühere angelsächsische Arbeiten mit dem Eberbild aus den Höhlen von Altamira anzufangen, mit hinduistischen und altägyptischen Schweinefiguren fortzufahren, um schließlich mit Walt Disneys drei kleinen Schweinchen aufzuhören. Doch auch bei dieser zeitlichen Beschränkung ist das zu untersuchende Material mehr als reichhaltig, so daß es sich bei den angeführten Beispielen selbstredend um nicht mehr als eine, allerdings repräsentative Auswahl handelt.

Von den vielen Personen und Instituten, die am Zustandekommen dieses Buches beteiligt waren, seien insbesondere genannt die Handschriftenabteilungen der Universitäten von Heidelberg und Cambridge, der British Library in London, der Oxforder Bodleian Library, der Berner Bürgerbibliothek, der Herzog August Bibliothek in Wolfenbüttel und der Württembergischen Landesbibliothek. Für die bereitwillige und unkomplizierte Überlassung von Fotomaterial dankt der Autor den Verantwortlichen des Schnütgen-Museums in Köln, des Westfälischen Landesmuseums für Kunst- und Kulturgeschichte in Münster, des Museums der Stadt Frankfurt, des Historischen Museums in Stockholm, des Photoarchivs französischer Nationalmuseen, des Centre d'Études Supérieures de Civilisation Médiévale in Poitiers und des Museums der Stadt Straßburg im Chateau de Rohan.

Besonders gern erinnert sich der Autor an manchen Dekan, Pfarrer oder Sakristan einer Kirche, die mit Schweinedarstellungen geschmückt ist. Gerade in England, wo die bildliche Ausstattung mittelalterlicher Kirchen unbehelligt von Bilderstürmern und Kriegswirren die Zeit weit besser überdauert hat als auf dem europäischen Festland, fand der Plan eines Buches über mittelalterliche Schweine großes Interesse: so z. B. im Münster von Beverley, wo der Sakristan alsbald mit einer großen Stehleiter aufwartete, damit nur ja keine der insgesamt sieben Schweinedarstellungen aus technischen Gründen unberücksichtigt bliebe; etwa auch in der Kathedrale von Winchester, wo ein in Ehren ergrauter Kanonikus sich persönlich die Mühe machte, bei einem Rundgang durch die Kirche alle einschlägigen Darstellungen vorzustellen. Dank schuldet der Autor auch vielen Pfarrern französischer Kirchen, die mit einem mittelalterlichen Chorgestühl ausgestattet sind. Keine Anfrage bezüglich holzgeschnitzter Schweine oder Eber wurde je ignoriert, und manche Pfarrer waren sogar bereit, noch zusätzliches Material beizusteuern.

Dankbar erinnere ich mich an manche anregende und ermutigende Gespräche mit Fachkollegen aus dem Bereich der Mediävistik, z. B. Prof. Kenneth Varty aus Glasgow, Dr. Benedikt Vollmann von der Universität Tübingen, Prof. Walter Berschin von der Universität Heidelberg und Prof. Ute Schwab, die zum Thema schon vor fast 20 Jahren eine ausführliche philologische Studie veröffentlicht hat. Wichtige praktische Anregungen zur Aufarbeitung des Materials in Buchform verdanke ich meinem alten Freund Franz-Josef Fenke, dem technischen Manager der Frankfurter Buchmesse. Sehr geholfen hat mir, last not least, meine Frau. Ohne ihren ständigen Einsatz, sei es bei der Korrespondenz, beim Sichten des Materials oder bei der Anfertigung eines druckfähigen Typoskripts, wäre dieses Buch nicht möglich gewesen.

Ihr und unserem kleinen Pascal, der sich stets mit großem Eifer der Weiterverarbeitung unbrauchbarer Konzeptseiten annahm, sei daher dieses Buch gewidmet.

I. Kapitel

Biblische Schweine und legendäre Wildeber

1. Wildes und zahmes Schwein in mittelalterlicher Bibelexegese

Der Wildeber in den Bestiarien und im 79. Psalm

Wenn der mittelalterliche Mensch sich Aufschluß über das Wesen des wilden Schweins verschaffen wollte und dabei die gefährliche persönliche Konfrontation in den riesigen Waldgebieten scheute, dann hatte er – ähnlich wie auch der heutige Zeitgenosse – die Möglichkeit, ein Tierlexikon zu konsultieren, ein Bestiarium, wie es damals lateinisch hieß. Diese Urahnen von Brehms Tierleben sind recht umfangreiche, häufig auch illustrierte Codices, in denen bis zu 150 Tierarten erläutert und nach Gattungen klassifiziert werden [1]. Über das wilde Schwein heißt es da: »Der Name des Wildebers erklärt sich aus seiner ungestümen Wildheit...« Der Verfasser des lateinischen Textes hatte dabei das Wort für den Wildeber, *aper*, in Verbindung gebracht mit *ferus* = wild. Bei dieser Erklärung der Wortbedeutung ist, wie der Text ausführt, lediglich das *f* in *ferus* durch ein *p* zu ersetzen (*aper* < *ferus*). Der folgende Satz des *aper*-Artikels scheint diese Bedeutungsableitung noch bekräftigen zu wollen, wenn er versichert, daß ja auch die griechische Bezeichnung für das wilde Schwein *syagros* (wörtlich = Feldschwein) das Element unkultivierter Wildheit enthalte. Je nachdem, wieviele Quellen der betreffende Bestiar ausgewertet hatte, konnte der Leser hier noch einige weitere Erklärungsversuche finden, z. B. eine Etymologie, die den Tiernamen *aper* in die Nähe von *asper* (= rauh, grob) rückt. Daraus wird dann folgende Erklärung: »Der Wildeber heißt so, weil er sich vorzugsweise in rauhen, unwirtlichen Gebieten aufhält.« Als ob er Zweifel an der Überzeugungskraft der bisherigen Deutungen hegte, versucht der Verfasser eines Bestiars aus dem 12. Jahrhundert sich noch an einer dritten Erklärung. Diesmal muß wieder die griechische Sprache herhalten: »Der Wildeber trägt seinen Namen wegen des Schaums (griech. *aphros* [vgl. *aper*]), den er in seiner Raserei ausstößt« [2]. Damit erschöpfen sich die Versuche zur Entstehungsgeschichte des Wortes. Wie haltlos sie auch sind angesichts moderner sprachgeschichtlicher Methoden[3], so haben sie doch einige wichtige Eigenarten dieses Tiers zur Sprache gebracht. Der mittelalterliche Leser, dem dies noch zu wenig anschaulich war, konnte sich gegebenenfalls darüber hinaus an der dem Text beigefügten Illustration orientieren, die ihm manchmal auch gleich einen Eindruck davon verschaffte, wie ein so gefährliches Wild zu erlegen sei.

Dem Leser, der sich immer noch nicht zufrieden gab, bot eine gut ausgestattete Bibliothek weitere Möglichkeiten. Er konnte die enzyklopädischen Werke mittelalterlicher Autoren studieren, z. B. das Buch »Vom Wesen der Dinge« (De Rerum Naturis) des Hrabanus Maurus aus dem 9. Jahrhundert[4], und später, im 13. Jahrhundert, die naturgeschichtlichen Werke des Thomas von Cantimpré, des Bartholomaeus Anglicus und des Albertus Magnus[5]. Die in diesen mittelalterlichen Enzyklopädien angebotenen Informationen haben wenig Ähnlichkeit mit den Faktensammlungen, wie sie in einer modernen Enzyklopädie anzutreffen sind. Zwar bemühten sich auch die mittelalterlichen Autoren, das verfügbare Wissen möglichst vollständig zu erfassen und systematisch, oft bereits in alphabetischer Ordnung, zu gliedern. Es ging ihnen dabei jedoch keineswegs um eine reine Sammlung von Fakten, sondern um das Aufdecken von Sinnzusammenhängen. Bezogen auf das Beispiel des Wildebers, bedeutet dies, daß man sich nicht so sehr für die Eigenschaften des Tiers an sich interessierte, als vielmehr für bestimmte Details seiner Erscheinung und seines Verhaltens, in denen man einen Verweis auf spezifische Probleme des menschlichen Miteinanders und des Verhältnisses Mensch–Gott zu erkennen glaubte. Für eine solche Sicht ist genaue Naturbeobachtung dann von höchstens sekundärer Bedeutung. Viel wichtiger war die Erforschung der Bibel und einschlägiger Werke der Kirchenväter.

Ein derartiger Umgang mit der Natur mag dem heutigen Menschen ziemlich bizarr erscheinen. Der mittelalterliche Mensch jedoch hegte die feste Überzeugung, daß Gott die ganze Natur in all ihren vielfältigen Erscheinungsformen auf ihn angelegt, d. h. daß er bei der Erschaffung der Welt bereits die künftige Geschichte des Menschen, seinen Sündenfall und seine Erlösung, im Blick gehabt habe. Wenn aber derselbe Gott einerseits als Schöpfer der Natur, andererseits als Erlöser des in Sünde gefallenen Menschen geglaubt wurde, dann war es nur konsequent, anzunehmen, daß in allen Dingen der Natur ein Verweis auf das rechte Leben des Menschen und seine Erlösung durch Jesus Christus zu finden ist. Ernsthaftes Bemühen um eine Erklärung der Naturdinge ist daher, zumindest bis zum 12. Jahrhundert, in erster Linie Aufhellung ihres Verweischarakters für die Heilsgeschichte Gottes mit dem Menschen[6].

Der mittelalterliche Leser, der in der »Enzyklopädie« des Hrabanus Maurus den Artikel zum wilden Eber aufschlug, wird daher kaum verwundert gewesen sein, hier nicht exakte Naturbeschreibungen zu finden, sondern vielmehr folgendes:

Der Wildeber verweist auf die ungestüme Angriffslust der Fürsten dieser Welt. So steht ja auch im Psalm 79 vom Weinberg des Herrn geschrieben: Der Eber des Waldes richtet ihn zugrunde, und der wilde Einzelgänger verwüstet ihn[7].

Mit diesem Psalmvers war die entscheidende Belegstelle aus der Bibel genannt: der Eber als Weinbergzerstörer. Es ist leicht zu erkennen, daß mit dem Weinberg niemand anders gemeint ist als Israel selbst, denn der ganze 79. Psalm ist eine einzige Klage über die Heimsuchung des Volkes Gottes durch seine Feinde. Wer aber war der wütende Wildeber? Seit den frühesten Zeiten der Psalmenexegese hat man über diese Frage nachgedacht. Kein noch so alter und verschlagener Keiler der undurchdringlichen mittelalterlichen Wälder hat jemals so viele Menschen so lange Zeit beschäftigt wie jener biblische Einzelgänger. Hrabanus Maurus liefert hier folgende Deutung:

Zugrunde gerichtet *(exterminavit)* hat er, indem er von Grund und Boden *(extra terminos)* vertrieb und überall hin zerstreute, was sich ja beim Volk der Juden tatsächlich ereignet hat. Vielleicht müssen wir unter dem Wildeber Vespasian verstehen, der ja in der Tat für die Juden von furchterregender Wildheit war. Durch diesen Tiernamen aber verweist der Psalmist auf etwas, was den Juden zuwider ist, denn dieses Tier scheint unter anderem charakterisiert durch die wilde Unordnung der Wälder, eine Eigenschaft, die in sich wiederum an die Heiden erinnert, die zu Recht mit rauhen, unwirtlichen Wäldern verglichen werden, da ihnen bis jetzt noch kein fruchtbarer Same eingepflanzt wurde. Der wilde Einzelgänger aber erinnert an Titus, den Sohn Vespasians, der die Reste des jüdischen Volkes mit solch verheerender Gewalt hinwegraffte, daß es scheinen mußte, als ob er Volk und Stadt wie Futtergras verschlang. Es war jedoch unvermeidlich, daß dies mit dem Weinberg geschah, denn seine Ummauerung war offenbar niedergebrochen. Wenn man schließlich den Wildeber spirituell deutet, dann kann man wegen seiner ungestümen Wildheit und seiner übergroßen Kraft hier ein Bild des Teufels erkennen[8].

In diesem Text hat Hrabanus mehrere Deutungsansätze der Kirchenväter aufgegriffen und miteinander verbunden. Die historisierende Interpretation des Wildebers auf Kaiser Vespasian und seinen Sohn und Feldherrn Titus hin findet sich bereits bei Cassiodor, einem einflußreichen theologischen Schriftsteller des 6. Jahrhunderts[9]. Die spirituelle Deutung als Bild des Teufels ist noch älter und schon beim griechischen Kirchenvater Origines belegt[10]. Auch die Assoziationen Wildeber–Schmutz und Unordnung–Heidenschaft stammen keineswegs von dem karolingischen Enzyklopädisten, sondern gehen höchstwahrscheinlich auf die Psalmenauslegung des Augustinus zurück[11]. Alle diese Ansätze wurden von mittelalterlichen Autoren übernommen und weiterentwickelt. Eine genauere Betrachtung der historisierenden Deutung soll dem zweiten Kapitel vorbehalten bleiben. Hier ist zunächst die weitere Entfaltung der spirituellen Deutung zu untersuchen.

Der Kirchenvater Augustinus hatte sich bei der Auslegung des 79. Psalms gefragt, warum der Psalmist hier ausdrücklich das Einzelgängertum des Wildebers *(singularis ferus)* hervorgehoben hat. Er kam zu dem Schluß, daß damit das erste und schlimmste Laster, die Sünde des Hochmuts, veranschaulicht werden sollte. Jeder Hochmütige nämlich, so erklärt er, sage stets: »Ich bin, ich bin, und sonst niemand«[12]. Von dieser Deutung war es nur noch ein kleiner Schritt bis zur Identifikation des einzelgängerischen Wildebers mit dem Teufel. Schließlich wußte man, daß es gerade die Sünde des Hochmuts war, die Luzifer in die Hölle gestürzt hatte. Aus dieser Perspektive muß es als sprachgeschichtliche Kuriosität erscheinen, daß der französische Ausdruck für das Wildschwein *sanglier* sich aus dem Wort *singularis* des lateinischen Psalmverses entwickelte und somit das von den Kirchenvätern verurteilte Einzelgängertum sprachlich verewigte[13].

Der Wildeber des 79. Psalms ist häufig auch bildlich dargestellt worden, z. B. in illustrierten Psalterhandschriften. Ein besonders schönes Beispiel bietet der Stuttgarter Bilderpsalter[14]. Vor purpurnem Hintergrund attackiert hier ein löwenfarbener Keiler einen leuchtend grünen Weinstock. Die Schrift, eine klare karolingische Minuskel, enthält den entscheidenden Bibelvers in lateinischer Sprache: *Exterminauit eam aper de silua, et singularis ferus depastus est eam.*

Die Illustration zum Wildeber-Artikel eines englischen Bestiars will offensichtlich unterstreichen, daß es sich bei diesem Tier um ein Bild des Teufels handelt[15]. Ein Eber mit besonders langen Hauern hat hier die Flanke eines Jagdhundes durchbohrt und einen Mann unter sich begraben. Ein zweiter Mann bedroht jedoch seinerseits den wütenden Angreifer mit einer langen Lanze. Diese Lanze ist nicht etwa mit einer spitzen Klinge, sondern mit einem christlichen Kreuz bewehrt. Es scheint, daß das Kreuz den unter dem Eber Liegenden vor seinem endgültigen Verderben bewahrt und ihm sogar die Möglichkeit verschafft, dem grimmigen Feind mit einem Messer den Todesstoß zu versetzen.

Diese Buchillustration ist ein Beispiel für ein gerade im angelsächsischen Bereich häufig begegnendes Bildmotiv, die symbolische Eberjagd. Alte Dorfkirchen aus normannischer Zeit zeigen eine solche Jagd manchmal im Tympanon oder im Türsturz[16], und gelegentlich findet man diese Szene auch auf mittelalterlichen Taufsteinen[17]. Der Sinn solcher Darstellungen ist leicht zu erschließen. Der Gläubige, der durch das Portal ins Gotteshaus schreitet, entgeht der Bedrohung durch den bösen Feind, und nicht nur das, er besiegt ihn sogar im Zeichen des Kreuzes wie jener Mann in der Buchminiatur. Besonders deutlich wird ein solcher Sieg über den Feind Christi natürlich bei jeder Taufe, und es ist daher nur allzu verständlich, daß zum Bildschmuck von Taufsteinen auch die Darstellung von Eberjagden gehört.

Etwa vom Ende des 12. Jahrhunderts an ist in den Bestiarien und Enzyklopädien ein deutlicher Anstieg von realer Naturbeobachtung festzustellen. Die Verfasser und Bearbeiter naturgeschichtlicher Werke begnügen sich jetzt nicht mehr damit, nur die alten anerkannten Autoritäten zu zitieren. Man beginnt, sich für die Naturphänomene um ihrer selbst willen zu interessieren. Das bedeutet für unseren Wildeber, daß man jetzt auch Details seiner äußeren Erscheinung und seines Verhaltens in die Beschreibung aufnimmt, die von den Kirchenvätern und den frühmittelalterlichen Exegeten übergangen worden waren. Der Grundsatz, daß ein Naturphänomen auf Gottes Geschichte mit dem Menschen hin auslegbar sein muß, wird jedoch zunächst noch beibehalten, so daß jede neue Detailbeschreibung auch eine neue geistliche Auslegung nach sich zieht. So erwähnt z. B. der Enzyklopädist Thomas von Cantimpré in seinem Artikel zum Wildeber die Schwärze des Tieres und die Form und die Länge seiner Hauer. Alle Details werden sogleich geistlich ausgedeutet:

> Dieses Tier bezeichnet gewalttätige Weltmenschen, die keinerlei Unterweisung in guten Werken annehmen, sondern immer in ihrer schwarzen Wildheit verharren. Sie (die Wildeber) haben rückwärts gekrümmte Hauer, um zu veranschaulichen, daß der, der einem anderen Schaden zufügen möchte, sich vorher schon selbst tödlich verwundet. Daß die Hauer die Länge eines halben Fußes haben, zeigt an, daß man einem Menschen zwar Schaden an seinem Leib zufügen kann, seine Seele dabei aber nicht erreicht (und ihn somit nicht ganz vernichten kann)[18].

Albertus Magnus weiß in seinem Werk über die Tiere zu berichten, daß Eber, die gerade noch wild miteinander gekämpft hätten, sich sofort zu gegenseitiger Hilfe zusammenschlössen, wenn Wölfe auftauchten, und daß sie ebenso verführen, wenn sie die Stimme eines in Not geratenen Artgenossen vernähmen[19]. Aus dieser Naturbeobachtung zog dann ein mittelhochdeutscher Autor den moralischen Schluß, daß Mönche und Weltgeistliche sich gegenseitig Beistand leisten sollten, so wie es die Wildschweine täten[20].

Mehrere einschlägige Werke des 13. Jahrhunderts beschreiben das Verhalten des Wildebers im Kampf mit den Jägern. Wenn eben möglich, so versichert man, vermeide der Eber die Konfrontation. Wenn er aber nach langer, ermüdender Verfolgungsjagd schließlich in eine ausweglose Situation geraten sei, dann überwinde er seine Müdigkeit und stelle sich todesmutig zum Kampf. Dieses Kampfverhalten hat zwei völlig verschiedene moralische Deutungen erfahren. Ein italienischer Autor des 16. Jahrhunderts sieht hierin ein Bild des Jähzorns. Wie der gestellte Eber in seinem rasenden Zorn schließlich in seinen

Spieß renne, so ließen sich törichte Menschen vom jähen Zorn erfassen, der sie geradewegs in ihren Untergang treibe[21].

In eine ganz andere Richtung weist die Interpretation eines anonymen Dominikaners aus dem 13. Jahrhundert. Für ihn ist der letzte Kampf des bereits geschwächten Ebers ein Beispiel für die Überwindung von Müdigkeit und körperlicher Schwäche in einer kritischen Situation. Die moralische Lehre dieses Verhaltens lautet dann:

> So, wie der ermüdete Eber den Kampf mit den Jägern aufnimmt, so achten die im Streit mit dieser Welt Starken beim Kampf mit der alten Schlange nicht auf ihre Müdigkeit und körperliche Schwäche, sondern kämpfen festen Sinnes bis zum Tode für die Gerechtigkeit[22].

Das Vorliegen derart gegensätzlicher Deutungen des Eberkampfes mahnt zur Vorsicht bei Interpretationen von entsprechenden bildlichen Darstellungen aus dem späten Mittelalter. Während bis zum Ende des 12. Jahrhunderts das Bild einer Eberjagd in der kirchlichen Sphäre ohne weiteres als Darstellung des Kampfes mit dem Teufel gedeutet werden kann, ist im Spätmittelalter mit wenigstens drei Möglichkeiten zu rechnen: 1. der traditionellen symbolischen Jagd mit dem Eber als Teufelsbild, 2. einer Darstellung eines negativen moralischen Exempels mit dem Eber als Bild des Jähzorns, 3. einer Darstellung eines positiven Exempels mit dem Eber als Bild der Selbstüberwindung und Standhaftigkeit. Darüber hinaus ist bei spätmittelalterlichen Bildern von Eberjagden auch im Bereich des Kirchengebäudes nicht auszuschließen, daß lediglich eine reale Jagdszene ohne Symbolcharakter dargestellt werden sollte. Eine genauere Betrachtung der weiteren Entwicklung des Eberbildes soll jedoch den folgenden Kapiteln vorbehalten bleiben.

Perlen vor die Säue werfen

Wenn der mittelalterliche Leser eines Bestiars ein besonders ausführliches Exemplar gefunden hatte, dann konnte er in unmittelbarer Nachbarschaft des Artikels über den Wildeber auch einige Bemerkungen zum Hausschwein finden. Genau wie beim Wildschwein wurden ihm zunächst einige Versuche zur Ableitung der Wortbedeutung angeboten. Das lateinische Wort *sus* (= Schwein oder Sau) wurde mit dem Verb *subigere* (= durcharbeiten, zerwühlen) in Verbindung gebracht. Die Sau, so hieß es, trage ihren Namen deswegen, weil sie die Gewohnheit habe, zur Nahrungssuche den Boden aufzuwühlen. Das Wort für den Hauseber, *verres*, wurde von *vires* (= Körperkraft) hergeleitet. Die zweite lateinische Bezeichnung für das Schwein, *porcus*, sah man als Ableitung von *spurcus* (= schmutzig, unflätig) an. Diesen

Namen habe das Schwein bekommen, weil es sich gerne in Schmutz und Schlamm suhle und sich ganz und gar mit Unrat beschmiere. Deswegen habe ja schon Horaz gesagt: »Die Sau ist eine Freundin des Dunghaufens«[23].

Die Quelle für diese Worterklärungen waren die »Etymologien« des Isidor von Sevilla gewesen[24]. Einige Bestiarien begnügen sich jedoch nicht mit der bloßen Worterklärung, sondern liefern ganz im Sinne der frühen Enzyklopädien eine ausführliche Erläuterung der symbolischen Bedeutung dieses Tieres. Der Artikel zum Hausschwein konnte dann erheblich größeren Umfang annehmen als der Wildeber-Artikel. Im Unterschied zu seinem einzelgängerischen wilden Verwandten war nämlich das Hausschwein in der lateinischen Bibel recht häufig vertreten, wobei jedoch eine der Belegstellen auf einem Übersetzungsfehler beruht. Es handelt sich insbesondere um die folgenden Bibelstellen:

1. *Lev. 11,7; Deut. 14,8:* Der Verzehr des Schweines als eines Paarhufers, der nicht wiederkäut, wird den Israeliten verboten.
2. *Jes. 65,4:* Der Prophet sagt hier von denen, die nur mit halbem Herzen Gott dienen wollen, daß sie Schweinefleisch äßen und ihre Töpfe voll von Greuelsuppen seien.
3. *Prov. 11,22:* Hier findet sich das Sprichwort: Eine schöne, aber zuchtlose Frau ist wie ein Goldreif im Rüssel einer Sau.
4. *Psalm 17,14:* Voll sind sie (die Gottesfeinde) von Schweinefleisch. (Hierbei handelt es sich um eine fehlerhafte Übersetzung aus dem Griechischen. Die richtige Übersetzung würde lauten: Sie haben viele Söhne.)
5. *Mk 5,23.16; Mt 8,30ff.; Lk 8,32:* Bei der Dämonenaustreibung von Gerasa schickt Jesus die bösen Geister auf ihren eigenen Wunsch hin in eine Herde von Schweinen.
6. *Lk 15,15f.:* Am tiefsten Punkt seines sozialen Abstiegs wird der Verlorene Sohn zum Schweinehirt.
7. *Mt 7,6:* Hier weist Jesus seine Jünger an, Perlen nicht vor die Schweine zu werfen. Sie würden sie womöglich mit den Füßen zerstampfen und sich anschließend gegen die Jünger selbst richten.
8. *2 Petr 2,22:* Menschen, die nach ihrer Bekehrung nachlässig werden und wieder in die alten Sünden verfallen, werden hier mit einer gewaschenen Sau verglichen, die sich gleich nach dem reinigenden Bad wieder im Schlamm suhlt.

Alle diese Bibelstellen zum Thema »Schwein« hatten in der Karolingerzeit ihre für das Mittelalter verbindliche Deutung erfahren, und zwar in einem Bedeutungswörterbuch zu biblischen Begriffen, das unter dem Namen »Clavis Melitonis« bekannt wurde. Aus dieser Quelle bezog auch Hrabanus Maurus seine Deutung des Schweins in seinem enzyklopädischen Werk »Vom

Wesen der Dinge«. Die Bestiarien des 12. und 13. Jahrhunderts kopieren, sofern sie einen Artikel über das Schwein enthalten, im wesentlichen den Text des Hrabanus, der im folgenden übersetzt wird.

Die Schweine sind ein Bild für die Sünder, für Menschen von unreiner Denkungsart oder auch Häretiker, von denen es im Gesetz heißt: »Weil sie Paarhufer sind und ihre Nahrung nicht wiederkäuen, soll ihr Fleisch von keinem wahren Gläubigen angerührt werden« (Deut. xiv,8). Obwohl diese Menschen sowohl das Testament des Gesetzes als auch das des Evangeliums angenommen haben, sind sie doch unrein, weil sie die geistliche Nahrung nicht wiederkäuen. Mit den Schweinen werden auch bekehrte Sünder bezeichnet, die wieder nachlässig geworden sind und zu der Lebensweise zurückkehren, die sie gerade noch beweint hatten. So heißt es ja auch im Brief des Petrus: »Der Hund verschlingt sein Erbrochenes von neuem, und die gewaschene Sau wälzt sich wieder in der Suhle.« Wenn der Hund sich erbricht, dann sucht er sich der Nahrung zu entledigen, die ihn bedrückte. Wenn er aber zum Erbrochenen zurückkehrt, dann belastet er sich erneut mit dem, wovon er sich gerade erleichtert hatte. So suchen sicherlich diejenigen, die ihre Sünden beklagen, sich des Verdorbenen in ihrem Geiste, wovon sie voll waren und das sie bedrückte, zu entledigen, indem sie es im Schuldbekenntnis gleichsam erbrechen. Doch nehmen sie nach dem Schuldbekenntnis das Verdorbene wieder in sich auf, wenn sie die früheren Sünden wiederholen. Die gewaschene Sau, die sich wieder in der Suhle wälzt, ist, obwohl gewaschen, am Ende schmutziger als zuvor, und wer die Sünde beklagt, dennoch aber nicht davon Abstand nimmt, verfällt in eine schwerere Schuld als zuvor, da er eben die Gnade verachtet, die er durch die Klage über seine Sünde zu erlangen vermochte. Er wälzt sich gleichsam in einem verschmutzten Wasser, denn während er mit seinen Tränen die allzu große Weltlichkeit seines Lebens ausgleichen könnte, bringt er in den Augen Gottes Schmutz über eben diese Tränen. Das Schwein verweist auch auf Menschen von unreiner und ausschweifender Lebensart. Im Evangelium heißt es: »Wenn du uns austreiben willst, schicke uns in die Schweine« (Matth. viii), und an der gleichen Stelle: »Werft eure Perlen nicht vor die Schweine« (Matth. vii). In ähnlicher Weise bezeichnet das Schwein auch unreine Geister. Dazu das Wort des Evangeliums: »Er schickte ihn (den Verlorenen Sohn) auf sein Landgut, daß er dort die Schweine hüte« (Luc. xv). Ebenso bezeichnet das Schwein auch Menschen von gemeiner Denkungsart und, allgemein, Sünder, wovon im Psalm geschrieben steht: »Ihr (der Gottesfeinde) Bauch ist voll von Dingen, die von dir verborgen wurden, voll sind sie von Schweinefleisch, und was ihnen davon zuviel ist, hinterlassen sie ihren Kindern« (Psal. xvi). Hier ist von den unreinen Dingen die Rede, die von Gott verborgen wurden, d. h. von denen man weiß, daß sie verboten sind. Das Schweinefleisch steht hier für all jene schädlichen Dinge, die, im Rahmen der übrigen Gebote des Alten Testaments, für unrein erklärt werden. Die Überreste ihrer Sündenspeise aber haben sie ihren Kindern hinterlassen, als sie riefen: »Sein Blut komme über uns und über unsere Kinder« (Matth. xxvii). Im Bild der Sau ist auch der Sünder zu sehen, der zwar die richtige Einsicht hat, jedoch ein ausschweifendes Leben führt, wie es ja auch bei Salomon heißt: »Eine schöne, aber zuchtlose Frau ist wie ein Goldreif im Rüssel einer Sau« (Prov. xi). Endlich verweist das Bild des Schweins auch auf gemeine Gedanken an fleischliche Gelüste, aus denen sich Entschlüsse zu üblen Taten zusammenbrauen. Darauf verweist auch Jesaija, wenn er von denen spricht, »die Schweinefleisch essen und Greuelsuppen in ihren Töpfen haben« (Isa. lxx)[25].

Die hier ausgelegten Bibelstellen boten mittelalterlichen Künstlern immer wieder Gelegenheit zu bildlicher Darstellung von Schweinen. Besonders häufig sind es die Schweine, die der Verlorene Sohn schließlich zu hüten hat[26]. Aber auch die mit Jesu Erlaubnis von Dämonen gepackten Schweine von Gerasa haben die Kunst des Mittelalters bereichert, am eindrucksvollsten wohl bei der Darstellung der entsprechenden Szene in den ottonischen Wandgemälden in St. Georg zu Reichenau-Oberzell[27]. Die Perlen, die man nicht vor die Säue werfen soll, haben in der spätmittelalterlichen Kunst Flanderns eine kuriose Verwandlung erfahren. Wohl als Folge eines Mißverständnisses des lateinischen Wortes für die Perle, *margarita*, sind es hier nicht mehr Juwelen, sondern Blumen, allerdings nicht etwa Margeriten, sondern Rosen. In der Tat kennt man in den Niederlanden zu jener Zeit das Sprichwort »rosen vor de vaarkens strooijen«[28]. Bildliche Darstellungen finden sich an manchen Orten, wo flämische Künstler am Werk gewesen sind, wie z. B. in den Chorgestühlen der Kathedralen von Dordrecht und Rouen und im Gestühl der Stiftskirche von Kempen[29]. Gelegentlich begegnet man auch der Darstellung eines *Abb. 28* Schweins im Badezuber, wohl als Anspielung auf die gewaschene Sau des 2. Petrusbriefes. Ein Beispiel hierfür bietet eine Miserikordie aus dem Chorgestühl der Kathedrale von St. Claude im französischen Jura, eine Skulptur, die volkstümlich unter dem irreführenden Namen »Calvin in der Kanzel« bekannt ist. Neben diesen Darstellungen, die als direkte bildliche Umsetzung einer Bibelstelle anzusehen sind, entwickelte die mittelalterliche Kunst manche bemerkenswerte Variationen des Bildes vom Schwein, die den folgenden Kapiteln vorbehalten bleiben sollen.

Das mit dem 13. Jahrhundert sich stärker entfaltende Interesse an realer Naturbeobachtung zeigt sich auch in den Artikeln zum Hausschwein in zeitgenössischen Enzyklopädien. Autoren wie Thomas von Cantimpré, Vinzenz von Beauvais, Albertus Magnus und Bartholomaeus Anglicus beschäftigen sich an entsprechender Stelle nun ausgiebig mit den Details der Schweinezucht[30]. Hier findet der Leser dann z. B. Informationen über die Freßgewohnheiten von Schweinen und über ihre Anfälligkeit gegenüber einer Reihe von Krankheiten, insbesondere dem Schweinerotlauf. Auch die Paarungsgewohnheiten dieses Tieres werden ausführlich erläutert, z. B. wie die Sau durch Hängenlassen ihrer normalerweise aufgerichteten Ohren dem Eber signalisiere, daß sie bereit sei[31]. Vinzenz von Beauvais schreibt sogar ein eigenes Kapitel über die Frage, welche Zeit am besten geeignet sei, den Eber zur Sau zu lassen, und er kommt je nach geographischer Region zu unterschiedlichen Antworten[32].

Die Enzyklopädien enthalten in der Regel auch einen Abschnitt mit Ratschlägen, wie man bestimmte Innereien des Schweines zu einer kräftigen

Hausmedizin verarbeiten könne. Sein Knochenmark, so erfährt der Leser, sei nützlich zum Einreiben erkrankter Augen, und seine Galle helfe bei Ohrenschmerzen. Auch die Saumilch sei keineswegs zu verachten; vermischt mit Honigwein getrunken, erleichtere sie der Frau das Gebären, ohne Zusatz genossen, sei sie eine wirksame Hilfe für Wöchnerinnen mit Stillschwierigkeiten[33]. Neben diesen für uns recht exotisch klingenden Rezepten finden sich hier jedoch auch Feststellungen, die man eher in einem medizinischen Lehrbuch der Neuzeit vermutete, etwa die Beobachtung, daß bei keinem Tier der innere Aufbau des Körpers sowohl in der Anordnung als auch in der Zahl der einzelnen Teile so sehr dem Menschen ähnlich sei wie beim Schwein, weswegen Ärzte bei der Erforschung des menschlichen Körpers den Körper des Schweins als eine Art Musterbeispiel betrachteten[34]. Bei all diesen detaillierten Erläuterungen zu Aussehen, Lebensweise und Nützlichkeit des Hausschweins handelt es sich um eine reine Wiedergabe von Beobachtungen und Erfahrungen, seien es eigene oder die anerkannter Autoren. Eine geistliche oder moralische Auslegung findet, anders als bei den im 13. Jahrhundert neu hinzukommenden Einzelheiten des Bildes vom Wildschwein, nicht statt. In diesen Darstellungen des Hausschweins ist ein wichtiger Schritt von der symbolgeladenen, theologischen Weltdarstellung der Frühzeit zur reinen Fachliteratur vollzogen.

Im 13. Jahrhundert gibt es jedoch auch bereits Beispiele echter, spezialisierter Fachliteratur. Gegen Ende dieses Jahrhunderts schreibt ein italienischer Autor namens Petrus de Crescentiis ein Werk mit dem Titel »Ruralia Commoda«, was man heute mit »Vom Nutzen der Erzeugnisse der Landwirtschaft« übersetzen könnte. Selbstverständlich findet sich in diesem Werk auch
Abb. 30 ein umfangreiches Kapitel über die Schweinezucht. Es beginnt mit ausführlichen Hinweisen zur Auswahl eines geeigneten Zuchtebers, handelt dann von all den Aspekten, die bereits in den Enzyklopädien zur Sprache kamen, und endet mit der Empfehlung, Schweine getrost auch zum Umgraben seines Weinberges einzusetzen, sofern einem der Sinn danach stünde[35]. Wenn man sich an das biblische Bild vom weinbergzerstörenden Wildeber erinnert, kann man leicht ermessen, wie weit sich diese Beschreibung des Schweins von den symbolträchtigen Deutungen der Frühzeit entfernt hat.

2. Überirdische Wildeber und Eberkönige in der mittelalterlichen Erzähltradition

Die Untersuchung des biblisch-exegetischen Materials zum Thema Eber und Schwein hat gezeigt, daß sich das Hauptinteresse auf einen einzigen als übermächtig vorgestellten Eber richtete, den mit diabolischen Kräften ausgestatteten Wildeber des 79. Psalms. Ihm gegenüber tritt alles andere biblische Borstenvieh in den Hintergrund. Es geht nun darum, mittelalterliche Auslegungen relevanter Bibelstellen mit entsprechenden Beispielen aus der weltlichen Erzählkunst zu vergleichen. Dazu ist es erforderlich, eine methodische Basis zu finden, die einen solchen Vergleich überhaupt erst sinnvoll macht. Es geht nämlich nicht an, sich munter in das Dickicht mittelalterlicher Eberjagden zu wagen, das so unterschiedliches Jagdwild einschließt wie die Wildschweine aus der verhängnisvollen Eberjagd Siegfrieds im Nibelungenlied[36], das walisische Schwein Troit, das von König Arthurs Hund Caball gestellt wurde[37], den gewaltigen Keiler aus dem mittelenglischen Versepos Sir Gawein und der grüne Ritter[38] und den menschenfressenden Eber im Epos von Sir Eglamour von Artois[39]. So respektabel diese Wildschweine auch im Einzelfall sein mögen, so geben sie doch als bloße Aufzählung bemerkenswerter Schwarzwildjagden für das Ziel dieser Studie kaum etwas her. Will man es vermeiden, von der Vielzahl erlegter mittelalterlicher Schwarzkittel einfach erdrückt zu werden, so ist eine strikte methodische Beschränkung notwendig.

Zunächst ist zu fragen, welche Darstellungen am Anfang der literarischen Entwicklung standen und für die folgenden Literaturwerke daher richtungweisend waren. Sodann ist zu prüfen, welcher Stellenwert der Eberdarstellung im Zusammenhang des Geschehens zukommt, d. h. zu fragen, ob es sich lediglich um eine eher beiläufige Schilderung mittelalterlichen Jagdvergnügens handelt oder ob die dargestellte Eberjagd zentrale Bedeutung für das Geschehen als Ganzes hat. Legt man dabei die beiden Kriterien möglichst früher Erzählungen und der dominierenden Rolle des Wildebers zugrunde, bleiben nur wenige Beispiele übrig: die kalydonische Eberjagd in Ovids Metamorphosen, die irischen Erzählungen von Diarmaid und dem Wildeber vom Berg Beann-Gulbainn und die Jagd auf den Eber Twrch Trwyth als Hauptteil der Aufgaben, die der walisische Held Culhwch erfüllen muß, um seine Braut Olwen zu gewinnen.

Große Eberjagden aus alter Zeit

Die kalydonische Eberjagd war dem gebildeten mittelalterlichen Leser vor allem durch das 8. Buch der Ovidschen Metamorphosen bekannt. Von allen klassischen Dichtern war es ja gerade dieser Autor, der, neben Vergil, zum Pflichtbestand mittelalterlicher Schullektüre gehörte[40]. Hier konnte der Leser vom Zorn der Göttin Diana erfahren, die den Kalydoniern als Strafe für ausbleibende Opfer einen gewaltigen Wildeber schickte. Ausführlich wird das Untier geschildert: seine feuersprühenden, blutunterlaufenen Augen, der drohend versteifte Nacken, die Rückenborsten, die sich aufrichten wie Speere, der heiße Schaum, der mit jedem seiner heiseren Grunzlaute ausgestoßen wird und an seinen Schultern herabfließt, die riesigen, Elefantenmaß erreichenden Hauer, der heiße, das Laubwerk versengende Atem. Bald zertritt er das junge Grün der wachsenden Saat, bald mäht er die reife Frucht nieder und macht somit zunichte, was die Göttin des Landbaus dem Menschen gewähren wollte.

Eine große Zahl von Helden wird aufgeboten, um dem landverheerenden Monster die Stirn zu bieten. Es ist die gesamte Schar der ruhmreichen Argonauten, die auf Bitten ihres Gefährten, des kalydonischen Königssohns Meleager, gegen den Wildeber Dianas in den Kampf zieht, unter ihnen glanzvolle Namen wie Jason und Theseus, Nestor und Mopsus der Seher, Laertes, der Vater des Odysseus, und Achills Vater Peleus. Das Aufgebot läßt einen Eberkampf erwarten, der alles in den Schatten stellt, was die antike Welt auf diesem Feld zu bieten hatte, wie z. B. die Erlegung des erymanthischen Ebers durch Herakles und den fatalen Eberkampf des Adonis. Einem mit überirdischen Zerstörungskräften ausgestatteten Keiler steht eine erstklassige Auswahl altgriechischer Helden gegenüber.

Der Kampfverlauf bietet jedoch einige Überraschungen. Das Untier bricht aus dem Unterholz eines trockenen Bachbettes hervor und schleudert mit seinen Hauern die Hunde zur Seite. Die ersten Speere der Helden verfehlen ihr Ziel und ritzen lediglich Baumstämme. Dem Speer des Mopsus bricht Diana die Spitze ab, so daß er stumpf von der dicken Schwarte des Keilers abprallt. Der sonst so würdevolle Nestor muß sich mit seinem Speer in einer Art Stabhochsprung in die Äste des nächstgelegenen Baumes retten, um dem rasenden Untier zu entgehen. Mit dem Jagdglück der übrigen Helden ist es nicht besser bestellt. Sie verfehlen ihr Ziel in ähnlich ehrenrühriger Weise wie die vorigen. Zu allem Überfluß ist es schließlich Atalanta, die einzige Frau dieser Jagdgesellschaft, die den ersten wirklichen Treffer lanciert: Ein Pfeil ritzt den Keiler unterhalb eines Ohres, so daß er einige Tropfen Blut verliert. Der in sie verliebte Meleager beeilt sich, diese Leistung mit überschwenglichem Lob allen kund zu tun, wodurch er den Zorn eines in seiner Ehre verletzten Jagdgefährten herausfordert. Jener jedoch, durch seinen Zornausbruch zur Unachtsamkeit verleitet, wird alsbald ein Opfer des seine Eingeweide zerreißenden Keilers. Meleager selbst gelingt es schließlich, das Untier zur Strecke zu bringen, jedoch begeht er dann den verhängnisvollen Fehler, den toten Wildeber Atalanta als Jagdbeute anzubieten. In dem aufflammenden Streit erschlägt Meleager seine beiden Onkel Plexippus und Toxeus. Damit ist sein Schicksal besiegelt. Wenig später trifft ihn die Rache der Schwester der Erschlagenen, seiner eigenen Mutter.

Die Bedeutung der Ovidschen Erzählung für mittelalterliche Schilderungen von Eberjagden kann schwerlich überschätzt werden. Insbesondere die großen Literaturwerke des 12. und 13. Jahrhunderts sind stark von Ovid beeinflußt worden[41]. Fast alle Merkmale seiner Eberbeschreibung finden sich hier wieder. Es ist die Zeit, die wegen ihres besonders ausgeprägten Interesses an den Werken Ovids auch die »aetas Ovidiana«, das ovidische Zeitalter genannt wird. Doch auch schon vorher ist bei mittelalterlichen Autoren die Kenntnis jener klassischen Eberjagd nachweisbar. So hat z. B. Ute Schwab überzeugend dargelegt, daß Notker der Deutsche, ein St. Galler Dichter um die Wende zum 11. Jahrhundert, in seinem Werk zur Rhetorik auf den kalydonischen Eber anspielt, wenn er unter der lateinischen Überschrift *de apro* folgende althochdeutsche Verse anführt:

Imo sint fûoze fuodermâze *imo sint purste ebenhô forste* *unde zene sîne zuuelifelnîge.*	Er hat fudergroße Läufe, seine Borsten reichen bis zu den Baumwipfeln, und seine Hauer sind 12 Ellen lang.

Wie Ute Schwab ausführt, handelt es sich hier um ein Versrätsel, und die Antwort der Schüler, die ja die Feinheiten des Lateins und nicht etwa Althochdeutsch lernen sollten, mußte dann lauten: der kalydonische Eber[42].

Auch nach der ovidbegeisterten Zeit des 12. und 13. Jahrhunderts finden sich immer wieder Autoren, die dem Werk dieses Dichters eine besondere Beachtung schenken. So schreibt im 15. Jahrhundert ein französischer Autor einen geistlich-moralischen Kommentar zum Werk Ovids, den »Ovide moralisé«. Der Wildeber Dianas wird hier zum Bild des Teufels, Meleager zu einer Christus-Gestalt, die von ihm geliebte Atalanta zum Bild der von Christus geliebten Kirche, die Meleager-Christus um den Preis seines eigenen Todes von den Nachstellungen des Eber-Teufels befreit[43].

Wenn der irische Wildeber von Beann-Gulbainn an dieser Stelle ausführlicher geschildert werden soll, so bedarf dies vorweg einer Erklärung. Da ist zunächst das Problem der Überlieferung dieser Tiergestalt. Sie hat ihren Platz in den altirischen Erzählungen des Fenian-Zyklus, den Sagen von den Helden der Fianna, der legendären Kriegergemeinschaft der frühen Zeit. Anders als beispielsweise beim Nibelungenlied ist es jedoch sehr schwierig zu bestimmen, welche Gestalt diese Erzählungen in der für uns in Frage kommenden Zeit des frühen Mittelalters hatten. Die hier interessierende Erzählung von der Verfolgung Diarmaids und Grainnes war zwar nachweislich im Mittelalter bekannt, ihre älteste erhaltene schriftliche Fassung stammt jedoch aus einer viel späteren Zeit, nämlich aus dem Jahr 1651. Erst seit 1967 gibt es eine zuverlässige Edition der ältesten Handschrift und eine auf ihr basierende Übersetzung[44]. Die Unzugänglichkeit des irischen Textes und die nicht genügend erklärte Überlieferungsfrage dürften der Grund dafür sein, daß die Erzählung außerhalb Irlands weitgehend unbekannt geblieben ist und daß selbst Mediävisten für sie nur wenig Interesse zeigen[45]. Dabei gäbe es durchaus einen Grund, der Verfolgung von Diarmaid und Grainne etwas mehr Aufmerksamkeit zu schenken. Die abenteuerliche Flucht dieses Liebespaares vor dem Zorn des eifersüchtigen Finn entspricht nämlich in vielen Einzelheiten den Unternehmungen Tristans und Isoldes, sich den Nachstellungen Markes zu entziehen. Gerade für eine Untersuchung der Beziehungen Tristans zum Bild des Ebers, wie sie besonders in der deutschen Fassung des Stoffs durch Gottfried von Straßburg auffallen, könnte ein Blick auf Diarmaid und Grainne hilfreich sein. Denn trotz der vielen ungeklärten Fragen zur ursprünglichen Fassung der irischen Erzählung[46] besteht wenig Grund, daran zu zweifeln, daß das Schicksal des irischen Liebeshelden bereits in den nichtüberlieferten, mittelalterlichen Versionen auch an das Schicksal eines ganz bestimmten Wildebers geknüpft war[47].

Die Bindung an das Schicksal des Ebers entsteht in Diarmaids früher Jugend am Hof von Angus Og, wo er zusammen mit dem gleichaltrigen Sohn des Verwalters von Angus erzogen wird. Bei einem Besuch muß sein ehrgeiziger Vater feststellen, daß der Sohn des Verwalters beim Personal beliebter ist als sein eigener. Während eines Banketts entsteht ein Tumult, bei dem das fremde Kind zwischen seine Knie läuft. Er benutzt diese Gelegenheit, es heimlich zu erdrücken. Der gramgebeugte Verwalter muß es auch noch hinnehmen, daß ihm eine angemessene Entschädigung für seinen Verlust verweigert wird. Er ist jedoch im Besitz einer Druidenrute. Hiermit berührt er sein totes Kind und verwandelt es in einen gewaltigen ohr- und schwanzlosen Wildeber, der sogleich aufspringt und im Dunkel der Nacht verschwindet. Der mit Druidenkräften ausgestattete Verwalter trifft dann eine Verfügung, die für die Zukunft Diarmaids und des Ebers von entscheidender Bedeutung sein soll. Dem Leben beider wird die gleiche Zeitspanne zugemessen. Nach Ablauf dieser Zeit sollen sie sich gegenseitig den Tod geben.

Diarmaid wächst zu einem kräftigen jungen Mann heran, außerordentlich geschickt im Waffenhandwerk und ein Blickfang für alle jungen Damen Irlands. Als Finn, der alternde Führer der Fianna, um die Hand der Königstochter Grainne anhalten will, wird sein Vorhaben durch die Gegenwart des besten seiner Mannen, eben jenes Diarmaid, vereitelt. Als Grainne ihn erblickt, verfällt sie ihm unwiderstehlich. Sie nötigt ihn mit feierlichen

Beschwörungen, sie vor der Ehe mit dem alten Mann zu bewahren und mit ihr zu fliehen. Alle Beteuerungen seiner Loyalität zu Finn helfen Diarmaid nichts. Wenig später ist das Liebespaar in der gleichen Situation wie Tristan und Isolde gegenüber König Marke.

Einige Jahre später hört der inzwischen äußerlich mit Finn ausgesöhnte Diarmaid vom nächtlichen Beann-Gulbainn die Stimme eines Hundes, der einem Wild auf der Spur ist. Gegen den ausdrücklichen Willen Grainnes folgt er schließlich seinem inneren Drang, dieses Wild zu stellen. Auf dem Berggipfel trifft er zunächst seinen alten Rivalen Finn. Von ihm erfährt er nun die Geschichte vom verzauberten Eber seiner Kindheit am Hofe des Angus, der sein Schicksal schließlich besiegeln werde. Trotz dieser Warnung stellt sich Diarmaid dem herannahenden Tier, das dem kalydonischen Eber in nichts nachsteht. Diarmaids genau zwischen die Augen des Tieres gezielter Speer prallt stumpf ab, sein Schwert zersplittert an der dicken Schwarte des Keilers. Jener aber packt ihn mit seinen riesigen Hauern, wirft ihn zu Boden und zerreißt seine Seiten. Mit letzter Kraft schleudert er das Heft seines zerbrochenen Schwertes auf das Haupt des Ebers und erschlägt ihn damit. Finn und seine Mannen finden neben dem leblosen Keiler einen sterbenden, aus vielen Wunden blutenden Diarmaid.

Die dritte der hier in Frage kommenden Eberjagden führt in die frühesten Zeugnisse des Sagenkreises um König Arthur. Schon in der »Historia Brittonum«, der Geschichte der Briten des Nennius aus dem 9. Jahrhundert, lesen wir von einem Schwein namens Troit, das von Arthurs Hund Caball schließlich gestellt worden sei[48]. In den walisischen Mabinogion-Erzählungen, die in ihrer jetzigen Gestalt aus dem 12. und 13. Jahrhundert stammen, begegnet dieses Jagdwild Arthurs gleich in zweifacher Gestalt, als Eberkönig Ysgithyrwyn und als Twrch Trwyth, der in einen Wildeber verwandelte Sohn des Herrschers Taredd. Sie treten beide in der Erzählung von der Werbung Culhwchs um Olwen auf und haben dort eine ganz besondere Funktion[49].

Der Leser erfährt in der Geschichte, wie ein junger walisischer Recke die Tochter des Riesen Ysbaddaden heiraten möchte. Der Brautvater ist über diese Werbung nicht sehr begeistert und versucht zunächst, dem hoffnungsvollen Schwiegersohn mit einem gezielten Speerwurf den Garaus zu machen. Culhwch und seine Begleiter verstehen es jedoch, so geschickt zu parieren, daß der Riese schließlich mit zerschmettertem Knie, einäugig und mit einer klaffenden Brustwunde in die Hochzeit einwilligt. Bedingung ist jedoch, daß Culhwch zur Vorbereitung der Hochzeitsfeierlichkeiten eine stattliche Zahl von Aufgaben erfüllt. Vor allem legt der recht struppige Riese großen Wert darauf, zur Hochzeit sauber rasiert und gekämmt zu erscheinen. Die dazu erforderlichen Toilettenutensilien, Rasiermesser, Schere und Kamm, sind in

Besitz der beiden zuvor genannten Wildeber, wobei einer der Hauer Ysgythyrwyns, der ihm bei lebendigem Leibe auszureißen ist, als Rasiermesser dienen soll, während die beiden anderen Gegenstände zwischen den Ohren des Twrch Trwyth stecken. Nichtsdestoweniger ist Culhwch guten Mutes, denn er hat einen mächtigen Helfer, seinen Vetter Arthur und dessen gesamte Kriegerschar. Arthurs Hund Caball ist es dann auch, der den ersten Keiler zur Strecke bringt, wie es schon in der Geschichtsdarstellung des Nennius der Fall gewesen war. Die Beschaffung der beiden anderen Gegenstände gestaltet sich weitaus schwieriger. Bevor man zur Tat schreiten kann, sind nicht weniger als 18 weitere, schier unmögliche Aufgaben zu erfüllen, die alle dem Ziel dienen, die richtige Ausrüstung und die richtige Mannschaft zusammenzustellen.

Schauplatz des Jagdbeginns ist Irland, wo Twrch Trwyth und seine Nachkommen, sieben Jungschweine, sich gerade festgesetzt haben. Am Ende des ersten Kampftages hat die erboste Wildschweinrotte ein Fünftel der Insel verwüstet, selbst jedoch keinen Schaden genommen. Arthur kämpft anschließend neun Tage und Nächte lang und erlegt dabei nur einen einzigen Frischling. Seine Mannen erfahren von ihm, daß es sich hier nicht um ein gewöhnliches Wildschwein handle, sondern um einen von Gott für seine Sünden gestraften König. Arthur sendet dann einen der Tiersprache mächtigen Unterhändler zu Twrch. Sein Gesprächspartner, ein junger Keiler mit dem klangvollen Namen Grugyn Silberborste, lehnt jede Art von Entgegenkommen schroff ab und kündigt an, man wolle jetzt dazu übergehen, die Verwüstung in Arthurs eigenes Land zu tragen. Gleich darauf stürzt sich die Rotte in die irische See und schwimmt hinüber nach Wales. Lange vor Arthurs Ankunft in St. David's erreicht sie die Küste von Dyfed und verliert keine Zeit, die Ankündigung von Silberborste in die Tat umzusetzen. Eine große Zahl von Arthurs Getreuen muß jetzt unter den Hauern der rasenden Meute ihr Leben verlieren. Doch auch die Wildschweinrotte bleibt nicht mehr ungeschoren. Am Ende der walisischen Kämpfe ist nur noch Twrch Trwyth übrig.

Arthur versammelt die Krieger von Devon und Cornwall an der Mündung des Severn und gelobt, niemals zu seinen Lebzeiten solle das Untier Cornwall betreten. Einer erlesenen Schar von Kämpfern gelingt es dann, den Twrch zu stellen und ihn in den Severn zu drängen. Es glückt ihnen, seine Läufe zu greifen, so daß er die Berührung mit dem Boden verliert und die Strömung des Flusses über ihn hinwegschießt. Jetzt können sie dem Keiler die Schere und ein weiteres Rasiermesser entreißen. Bevor es ihnen aber gelingt, ihm auch den Kamm zu entwinden, finden seine Läufe Bodenberührung, und er stürmt alsbald davon, geradewegs nach Cornwall. Nach weiteren, schweren Kämpfen, die alles bisher Erlittene noch übertreffen, ist Arthurs Schar endlich auch im Besitz des Kammes. Der Keiler selbst wird schließlich aus Cornwall in die irische See vertrieben. Aned und Aethlem, zwei Hunde, von denen es heißt, sie seien niemals auf ein Wild angesetzt worden, das sie nicht zur Strecke gebracht hätten, folgen ihm dabei. Ob die Jagd auf Twrch damit ihren Abschluß gefunden hat, bleibt offen. Der Erzähler versichert lediglich, daß niemand seither von den dreien etwas gehört habe.

Für Culhwch jedenfalls ist die Jagd zu Ende. Er begibt sich in Begleitung von Arthurs Schar zu seinem zukünftigen Schwiegervater und läßt ihn so gründlich rasieren, daß Ohren, Haut und Fleisch bis auf die Knochen weggeschabt werden. Der Riese, der offenbar nichts anderes erwartet hatte, erklärt die Aufgabe der Hochzeitsrasur als erfüllt und läßt sich anschließend widerstandslos den Rest seines Kopfes abschlagen.

Aus der ganzen Geschichte spricht der Geist jener frühen Zeit, der Fragen nach der inneren Berechtigung eines Geschehens oder den psychologischen Voraussetzungen der Handelnden ebenso fremd waren wie die Sorge um den rechten ritterlichen Stil im Umgang miteinander und mit Fremden. Bizarre Aufgaben werden ohne Rückfrage übernommen und unverzüglich ausgeführt. Man darf annehmen, daß einige besonders gräßliche Szenen, wie z. B. die Rasur Ysbaddadens, die rauhen Gesellen, die dem Erzähler der Chulhwchgeschichte zuhörten, glänzend unterhalten haben. Besonders beachtenswert ist, daß die Darstellung jener spektakulären Eberjagd den wichtigsten Abschnitt der ältesten erhaltenen Arthurerzählung bildet. Im Twrch Trwyth trifft der legendäre Herrscher der Briten auf einen ebenbürtigen Gegner. Ein König ist dieser Wildeber, seine Tiergestalt ist Strafe für seine Sünden.

Was waren das für Sünden, die ihm diese Gestalt eingetragen haben? Gibt sich in der Begründung für die Verwandlung der Einfluß des Christentums zu erkennen, wie die Forschung allgemein annimmt, dann kann die Antwort nur lauten: Es war die Sünde Luzifers, der Stolz, der Hochmut gegenüber Gott. Gerade diese erste und größte Verfehlung ist nach Auskunft des Kirchenvaters Augustinus versinnbildlicht in der Lebensweise des wilden Ebers[50]. Wenn jener stolze König der Erzählung nun auch in Tiergestalt leben muß, so hat er doch keineswegs seine Macht und Würde völlig eingebüßt. Er ist stark genug, Arthur hinhaltenden Widerstand zu leisten, und sieht, wie Silberborste Arthurs Dolmetscher zu verstehen gibt, keinerlei Notwendigkeit zu Zugeständnissen. Arthur hat es mit einem königlichen Eber zu tun, der mit den gleichen Maßstäben gemessen werden will wie er selbst und am Ende letztlich unbesiegt den Ort des Geschehens verläßt wie Arthur nach der Schlacht von Camlann[51].

Eine neue Studie zur Erzählung von Culhwch und Olwen[52] zitiert eine bemerkenswerte Parallele zum Namen Twrch Trwyth in einem altirischen Glossar. Es handelt sich um den Ausdruck »orc treith«, wofür der Autor des

Glossars die Übersetzung »Königssohn« liefert. Wie Untersuchungen zur altirischen Sprache gezeigt haben, kann der Ausdruck für den Wildeber *triath* schon in sehr früher Zeit auch als Bezeichnung des Königs dienen. Gleiches gilt für *torc*, was ebenfalls zunächst das Tier und dann den König bezeichnet[53]. Es scheint, jenes Glossar aus dem 9. Jahrhundert habe diese Bedeutungsverschiebung bereits voll realisiert, und die ursprüngliche Bedeutung sei in den Hintergrund getreten. In der Gegenüberstellung von altirisch *orc treith* und kymrisch *Twrch Trwyth* wird sichtbar, was die beiden Ausdrücke für sich betrachtet nicht mehr zu erkennen geben: die Vorstellung vom Wildeber als einem königlichen Tier und vom König als dem führenden Wildeber seines Landes.

Waffengänge unter dem Zeichen des Wildebers – Beowulf und die Krieger von Torslunda

Ähnlich eindrucksvolle Eberfiguren wie der Eber von Beann Gulbainn und der Twrch Trwyth finden sich in der germanischen Erzähltradition nicht. Daraus läßt sich jedoch keineswegs schließen, daß der Wildeber im germanischen Bereich weniger angesehen war als bei den Kelten. Das altenglische Beowulfepos, wichtigstes Zeugnis der frühen angelsächsischen Literatur, schildert wiederholt die eberbekrönten Helme der kämpfenden Helden. So wird z. B. von den aus Südschweden ankommenden Getenkriegern gesagt, daß von ihren Helmen vergoldete Eberzeichen blitzten (Beowulf, V. 30)[54]. Für die Ausführung und Anbringung dieser Eberzeichen scheint es zwei verschiedene Techniken gegeben zu haben, einerseits die Vollplastik, die dem Helm aufgesetzt wurde (V. 1286), und andererseits reliefartige Darstellungen auf Metallbändern, die den Helm verstärkten. Die letztere Form des Eberhelms trägt Beowulf, als er sich zum Kampf mit der Mutter des Monsters Grendel rüstet (V. 1450 ff.)[55]. Für die erste Form existiert ein archäologischer Beleg. Es handelt sich um ein Stanzblech aus der Völkerwanderungszeit, das in der Nähe
Abb. 3 des schwedischen Ortes Torslunda gefunden wurde[56]. Es zeigt zwei voll gerüstete Krieger mit Speer und Schwert. Ihre mit einem Bandmuster gezierten Helme werden von einer mächtigen Eberfigur bekrönt. Das Eberhaupt ragt nach vorn weit über die Stirn des Kriegers hinaus. Die bildliche Darstellung läßt gut erkennen, welche Funktion eine solche Eberfigur hatte. Sie vereinigt die beiden Aspekte von Schutz und Drohung. Der feindliche Schwertstreich wird aufgefangen durch die massive Tierskulptur. Gerade diese Funktion des Helmebers wird auch im Beowulfepos betont[57]. Andererseits liegt jedoch in der Art der Ausführung dieser Figur auch deutlich etwas Aggressives, was

besonders durch das weit vorspringende Haupt unterstrichen wird. Der Krieger, der einen solchen Helm trägt, so spürt man, möchte nicht nur geschützt sein, sondern auch angreifen können wie ein wilder Eber.

Eine Vielzahl archäologischer Funde aus germanischer und keltischer Frühzeit belegen, daß Bildnisse von Wildebern nicht nur bei der Konstruktion von Helmen verwandt wurden. Reliefdarstellungen römischer Triumphe zeigen wiederholt Feldzeichen mit Eberbildern, so z. B. auf einem Schlachtensarkophag aus der Zeit des Kaisers Marc Aurel und auf den Triumphbögen von Orange und Narbonne[58]. Eberbilder in militärischem Zusammenhang werden auch in der Germania des Tacitus erwähnt, allerdings handelt es sich dabei wohl nicht um Feldzeichen, sondern eher um eine Art Amulett. Bei der Beschreibung der religiösen Bräuche der Aestier weiß er von tragbaren Eberfiguren zu berichten, von denen man sich bei der Schlacht Schutz versprach[59]. Auch Schilde und Schwerter erscheinen gelegentlich mit einem Eber verziert, z. B. ein keltischer Langschild, im nordenglischen Witham gefunden[60], und eine Schwertklinge aus der Gegend von Cambridge, ins 7. Jahrhundert zu datieren[61]. Eberverzierte Spieße wurden dagegen bisher nicht entdeckt.

Unter den zahlreichen in Mittel- und Nordeuropa gefundenen Eberdarstellungen gibt es auch solche, die deutlich den Einfluß spätrömischer Kunst erkennen lassen. Dies gilt etwa für die in Ittenheim bei Straßburg entdeckten zwei Zierbeschläge vom Brustgeschirr eines Pferdes. Sie gehörten zur Ausstattung eines alemannischen Fürstengrabes aus dem 7. Jahrhundert und haben die Form eines Medaillons von 9 cm Durchmesser[62]. Beide Zierbeschläge zeigen *Abb. 4* einen aus dem Schilf hervorbrechenden Keiler, einmal nach rechts, das andere Mal nach links gekehrt. Die Darstellungen waren offensichtlich auf ein weiteres Medaillonbild hin orientiert, das einen spätrömischen Offizier abbildet und genau in der Mitte des Brustgeschirrs angebracht war.

Das Bildmotiv der Straßburger Fundstücke hat eine genaue Entsprechung auf zwei weiteren, jetzt im Berliner Antiquarium aufbewahrten Zierbeschlägen[63]. Das im 6. oder 7. Jahrhundert in Italien entstandene Medaillonpaar zeigt ebenfalls einen aus Schilf und Unterholz hervorbrechenden Keiler. Da der Wildeber auch in der Kultur des klassischen Rom in beträchtlichem Ansehen stand, ist es nicht verwunderlich, dieses Tier bei Funden aus der Spätantike immer wieder dargestellt zu sehen. Im Respekt vor den kämpferischen Qualitäten dieses Tiers unterschieden sich die Römer kaum von ihren nordeuropäischen Gegnern, den Kelten und Germanen. Römische Hochschätzung des Wildebers zeigt sich z. B. darin, daß er für mehrere Legionen als Wappentier belegt ist, für die Legio I Italica, die Legio X Fretensis und die Legio XX victrix[64]. Diese Ähnlichkeit in den römischen und nordeuropäischen Vorstellungen vom Eber ist die Ursache dafür, daß es häufig nicht möglich ist, ein literarisches oder archäologisches Zeugnis eindeutig einer bestimmten kulturellen Tradition zuzuweisen.

Wildeber als Begleiter von Gottheiten – Gullinbursti

Die Erzählungen der Edda und der altnordischen Sagas vermitteln ein recht farbenfrohes Bild vom Leben altgermanischer Götter. Hier begegnet man auch dem Gott Frey, einer der angesehensten Gestalten des germanischen Olymp. Als Herr über Regen und Sonnenschein ist er der Geber fruchtbarer Ernten. Auch die Vermittlung von Frieden und Wohlstand traut man ihm zu. Bei der Leichenfeier für den Göttersohn Balder fährt er in einem Gespann vor, das von einem Eber gezogen wird. Das Tier trägt den Namen Gullinbursti (Goldborste) oder, nach einer anderen Überlieferung, Slidrugtanni (Gewaltiger Hauer). Durch die Luft und durchs Wasser kann er sich schneller fortbewegen als jedes Pferd. Von seinem Rückenkamm und von all seinen Borsten geht ein goldenes Leuchten aus, das auch in tiefster Nacht seine Umgebung mit ausreichend Licht versorgen kann. Seinem Besitzer Frey dient er gelegentlich auch als Reittier. Wie aus den Sagas zu erschließen ist, bestand in den nordischen Ländern zu heidnischer Zeit der Brauch, am Abend vor dem Julfest, dem heutigen Weihnachten, Frey zu Ehren einen Eber zu opfern, den sogenannten *sonargöltr* (Sühneber). Man versprach sich hiervon offensichtlich den Segen des Gottes für eine reiche Ernte im neuen Jahr[65]. Es scheint möglich, wenn auch nicht beweisbar, daß ein bestimmter Weihnachtsbrauch des Oxforder Queen's College aus diesem Eberopfer zum Julfest hervorgegangen ist. Hier wird nämlich beim offiziellen Weihnachtsmahl in feierlicher Weise ein geschmücktes Eberhaupt aufgetragen. Dazu wird der traditionelle »boar's head carol« (Hymnus auf das Eberhaupt) gesungen, der einen Segenswunsch für die Festtage enthält[66].

Was dem Gott Frey recht war, das sollte seiner Schwester Freyja, der Göttin der Liebe und der Fruchtbarkeit, billig sein. Auch sie bedient sich bei ihren Ausfahrten eines Wildebers. Bedeutungsvoll scheint sein Name Hildisvini (= Kampfschwein). Und er trägt goldene Borsten ähnlich wie Freys Gullinbursti. Seine Aktivitäten beschränken sich jedoch darauf, der Liebesgöttin als Reittier zu dienen[67].

Die zuvor erwähnten Eberbilder der Aestier, einer Volksgruppe aus dem südlichen Ostseegebiet, scheinen ebenfalls einer Göttin zugeordnet zu sein. Nach Auffassung des Tacitus sind sie nämlich Ausdruck des Glaubens an eine Göttermutter[68]. Die entsprechende Stelle in der Germania wäre damit möglicherweise der früheste schriftliche Beleg für eberbezogene religiöse Bräuche, deren genaue Gestalt uns erst durch die viel später entstandenen Dichtungen der Edda und der Sagas überliefert wurde.

Wie zahlreiche archäologische Funde belegen, genoß dieses Tier auch bei den Kelten kultische Verehrung. Wie sollte es auch anders sein in einer Kultur, die so viele eindrucksvolle und mit Namen benannte Wildebergestalten überliefert hat. So fanden sich im gallischen Tempelschatz von Neuvy-en-Sulias in der Region von Orléans mehrere lebensgroße Eberstatuen. Das *Abb. 5* abgebildete Beispiel verrät bereits den Einfluß römischer Kunst und dürfte daher wohl nicht vor der Eroberung Galliens durch Caesar entstanden sein[69]. An anderer Stelle fand man eine Bronzestatuette, bei der, ähnlich wie in der germanischen Mythologie, eine Göttin auf einem Eber reitet[70]. Für einige keltische Regionen läßt sich auch die Verehrung einer eigenen Schweinegottheit namens Moccus (altirisch *moch* = Schwein) als wahrscheinlich annehmen[71].

Die wohl eigenartigste keltische Darstellung eines Wildebers ist jedoch nach wie vor ungeklärt. Es handelt sich um eine arm- und beinlose Steinskulptur einer Menschengestalt. Um den Hals trägt sie einen Torc, den bei Germanen und Kelten gleichermaßen verbreiteten metallenen Halsreif, dem magische Kräfte zugeschrieben werden. Die Brust bedeckt das senkrecht stehende Reliefbild eines großen Ebers mit stark ausgeprägtem Rückenkamm. Da keine vergleichbaren Darstellungen gefunden wurden und auch keinerlei literarische Zeugnisse existieren, beschränkt man sich bei der Deutung dieser Gestalt auf die Vermutung, daß es sich hier um das Bild einer lokalen Ebergottheit handeln müsse[72]. Besonders auffällig ist jedenfalls die Position des Eberreliefs auf der Brust der Gestalt. Hier ließe sich an eine magisch bedingte Schutzfunktion von Eberfiguren denken, ähnlich wie bei den Eberbildern der Aestier.

Überblickt man das bislang diskutierte Material in seiner Gesamtheit, dann läßt sich folgendes feststellen: In den Ansichten zum wilden und zahmen Schwein unterscheiden sich die großen alten Kulturen Europas grundsätzlich von der jüdisch-christlichen Auffassung. Während jüdische und christliche Theologen dieses Tier, ob zahm oder wild, stets in einem negativen Licht darstellen und nicht selten als Repräsentanten dämonischer Mächte ausgeben, genießt das Schwein in seiner Wildform bei Römern wie auch bei Germanen und Kelten einen hohen Respekt. Hierbei war man sich durchaus bewußt, daß der Wildeber normalerweise als Gegner und nicht als Freund des Menschen auftritt. Seine aggressive, oft zerstörerische Wildheit scheint ihm jedoch als etwas Naturgegebenes zugebilligt worden zu sein. Man sah hierin nicht nur keinen Anlaß zur Verteufelung, sondern nahm sich an der Wesensart dieses Tieres sogar ein Vorbild für eigenes kämpferisches Handeln. Das zahme

Schwein dagegen tritt in den Zeugnissen der alten heidnischen Kulturen in der Regel nur als Haustier in Erscheinung. Eine symbolische Bedeutung scheint es nur in der schon bei den Römern überlieferten Bildkomposition »Sau und Ferkel« zu haben. Hier wird es dann zu einem Zeichen besonderer Fruchtbarkeit[73]. Der ausgeprägte Appetit des Tieres und seine Vorliebe für Schlammbäder sind zwar auch in römischen Texten erwähnt, doch hat man an diese Beobachtung offensichtlich keine weitreichenden symbolischen Interpretationen angeschlossen. Im folgenden wird nun zu zeigen sein, welche neuen Möglichkeiten sich für die Darstellung von Schwein und Eber daraus ergaben, daß jüdisch-christliche und heidnische Tradition bei der Genese des europäischen Mittelalters aufeinandertrafen.

ANMERKUNGEN

1 Vgl. Florence McCulloch, Medieval Latin and French Bestiaries, Chapel Hill, N. C., 1960, S. 34ff.; T. H. White, A Book of Beasts (Übersetzung eines Cambridger Bestiars aus dem 12. Jh.), New York 1954, Appendix.

2 Z. B. in Hrabanus Maurus, De rerum naturis, PL 111, Sp. 207 A.

3 In der modernen Sprachforschung wird lat. *aper* mit *caper* (= der Ziegenbock) in Verbindung gebracht. In den gleichen sprachgeschichtlichen Zusammenhang gehört auch das im Oberdeutschen als Bezeichnung des Bocks gebräuchliche Wort *Habergeiß* (vgl. F. Kluge, Etymologisches Wörterbuch der deutschen Sprache, Berlin 1960[18], S. 150; A. Walde/J. B. Hofmann, Lateinisches etymologisches Wörterbuch, Heidelberg 1938, S. 56).

4 Hrsg. in PL 111, Sp. 9–614. Der von Migne gebrauchte Titel »De universo« kommt in den Handschriften und in der Widmung an Bischof Hemmo von Halberstadt nicht vor. Der richtige Titel lautet »De rerum naturis« (vgl. Manitius I, S. 292, Anm. 3).

5 Thomas Cantipratensis, Liber de natura rerum, hrsg. v. H. Boese, Berlin 1973; Bartholomaeus Anglicus, De rerum proprietatibus, Frankfurt 1601; Albertus Magnus, De animalibus libri XXVI, ed. Stadler, 2 Bde., Münster 1916/20.

6 Vgl. F. Ohly, Vom geistigen Sinn des Wortes im Mittelalter. Darmstadt 1966; H.-J. Spitz, Die Metaphorik des geistlichen Schriftsinns, München 1972.

7 *Significat autem aper ferocitatem principum huius saeculi unde in psalmo de vinea Domini scriptum est: Exterminavit eam aper de silva et singularis ferus depastus est eam* (PL 111, Sp. 207 A).

8 Hrabanus, De rerum naturis (wie Anm. 2), Sp. 207 A f.

9 Vgl. Cassiodor, Expositio in Psalterium, PL 70, Sp. 583 B f.

10 *Singularem feram vocat Satanam, idem significat aper sylvestris, loquitur autem de diabolo* (Analecta Sacra Spicilegio Solesmensi, im Spicilegium Solesmense, ed. J. B. Pitra, 3. Bde., Farnborough 1966[2], S. 134); vgl. PG 16,1, Sp. 1029 ff.

11 Augustinus, Enarratio in Psalmum 79, PL 36, Sp. 1025.

12 Ebd.
13 Vgl. E. Gamillscheg, Etymologisches Wörterbuch der französischen Sprache, Heidelberg 1969², S. 792.
14 Stuttgarter Bilderpsalter, Württ. Landesbibliothek, Bibl. fol. 23, 96v (als Faksimile ediert Stuttgart 1968).
15 British Library, Ms. Harley 4751. fol. 20v.
16 Z. B. in Tutbury, Staffordshire und Little Langford, Wiltshire.
17 Z. B. in St. Marychurch, Devon und im Katharinendom von Brandenburg.
18 Thomas Cantipratensis, Liber de natura rerum (wie Anm. 5), 4. Buch, Nr. 3, *De apro silvestri,* S. 109 f.
19 *Et ad invicem apri corrixantes, cum viderint lupos, quasi confoederati se iuvant mutuo et ad vocem querelantis apri omnes qui audiunt concurrunt et iuvant* (Albertus, De animalibus libri [wie Anm. 5], S. 1359,21).
20 Hugo von Trimberg, Der Renner, hrsg. v. G. Ehrismann, 1908/1911, V. 3049 f.
21 Nach Johannes Gorus, Summa de exemplis et rerum similitudines, Venedig 1676, V. 78, zit. nach K.-J. Steinmeyer, Untersuchungen zur allegorischen Bedeutung der Träume im altfranzösischen Rolandslied, München 1963, S. 46.
22 Anonymus Dominicanus, übersetzt nach dem in Analecta Sacra Spicilegio Solesmensi, a. a. O., 3. Bd., S. 48 zitierten Text.
23 Vgl. Hrabanus, De rerum naturis (wie Anm. 2), PL 111, Sp. 206 A.
24 Vgl. Isidori Hispalensis Episcopi etymologiarum libri XX, ed. W. M. Lindsay, II. Bd., Oxford 1911, XII, i,25–27.
25 Hrabanus, De rerum naturis (wie Anm. 2), PL 111, Sp. 206 B ff.
26 Vgl. Lexikon der christlichen Ikonographie, IV. Bd., Artikel »Verlorener Sohn«, Rom/Freiburg 1972, Sp. 172–174.
27 Abbildungen bei K. Martin, Die ottonischen Wandbilder der St. Georgskirche Reichenau-Oberzell, Sigmaringen 1975²; K. u. J. Hecht, Die frühmittelalterliche Wandmalerei des Bodenseegebiets, 2 Bde., Sigmaringen 1979; W. Erdmann u. Th. Keller, Die acht ottonischen Wandbilder der Wunder Jesu in St. Georg zu Reichenau-Oberzell, Sigmaringen 1983.
28 Vgl. D. Kunzle, Pieter Bruegel's Proverb Painting and the World Upside Down, in: The Art Bulletin LIX (1977), S. 197–202.
29 Abbildungen bei J. K. Steppe, Wereld van Vroomheid en Satire, Laat-gotische Koorbanken in Vlaanderen, Kasterlee 1973; F. C. Sillar/R. Meyler, The Symbolic Pig, Edinburgh/London 1961, Tafel 15,1.
30 Vgl. Thomas Cantipratensis, Liber de natura rerum (wie Anm. 5), S. 110 f.; Bartholomaeus Anglicus, De rerum proprietatibus (wie Anm. 5), S. 1103 f.; Albertus, De animalibus libri (wie Anm. 5), S. 1359 f.
31 Vgl. Bartholomaeus, De rerum proprietatibus (wie Anm. 5), S. 1104; Vinzenz von Beauvais, Speculum Naturale, Nachdruck der Ausg. v. 1624, Graz 1964, Sp. 1370.
32 »De Verribus ad sues admittendis«, Vinzenz von Beauvais, Sp. 1373.
33 Ebd., Sp. 1374.
34 Ebd., Sp. 1369.
35 Für diese Untersuchung wurde eine deutsche Übersetzung aus dem 15. Jh. herangezogen (Petrus De Crescentiis zu teutsch mit figuren, Straßburg 1493).
36 Vgl. Das Nibelungenlied, hrsg. von H. de Boor, Wiesbaden 1967[19], Str. 921 u. 938 f.
37 Vgl. Nennius, Historia Brittonum, hrsg. von J. Stevenson, Berlin 1844.
38 Vgl. Sir Gawain and the Green Knight, hrsg. von J. R. R. Tolkien und E. V. Gordon, Oxford, V. 1438 ff.

39 Vgl. The Romance of Sir Eglamour, in: J. O. HALLIWELL, The Thornton Romances, London 1844, V. 347ff.

40 Vgl. Franco MUNARI, Ovid im Mittelalter, Zürich/Stuttgart 1960.

41 Beispiele bei U. SCHWAB, eber, aper und porcus in Notkers des Deutschen Rhetorik, Rom 1967, S. 78f.; K. SPECKENBACH, Der Eber in der deutschen Literatur des Mittelalters, in: Verbum et Signum I, FS Ohly, hrsg. von H. Fromm u. a., München 1975, S. 455ff.

42 SCHWAB, eber, aper und porcus (wie Anm. 41), S. 75.

43 Vgl. Ovide Moralisé, hrsg. von C. de Boer u. a., Amsterdam 1931, V. 2369ff.

44 Toruigheacht Dhiarmada agus Ghráinne, The Pursuit of Diarmaid and Grainne, hrsg. von Nessa NE Sheaghdha (= Irish Texts Society 48), Dublin 1967.

45 Manfred ZIPS, der in einem Aufsatz »Tristan und die Ebersymbolik« untersucht hat, läßt die irische Erzählung bei seinen Überlegungen unberücksichtigt (Beiträge zur Geschichte der deutschen Sprache und Literatur, 94. Jg./Tübingen 1972, S. 135–152).

46 Hierbei wäre auch die Möglichkeit zu erwägen, daß kontinentale Fassungen des Tristanstoffes im späten Mittelalter auf die irische Erzählung rückgewirkt haben, vgl. hierzu R. J. CORNIER, Open Contrast: Tristan and Diarmaid, in: Speculum LI (1976), S. 589–601.

47 Vgl. Gwyn JONES, Kings, Beasts and Heroes, Oxford 1972, S. 103–105.

48 Vgl. Anm. 2.

49 Textausgabe in: The White Book Mabinogion, hrsg. von J. G. Evans, nachgedr. mit einer Einleitung von R. M. Jones, Cardiff 1973, engl. Übers. von J. Gantz, Penguin Classics 1976.

50 Vgl. Anm. 11.

51 Vgl. GOTTFRIED VON MONMOUTH, Historia Regum Britanniae, Buch XI, Kap. 2.

52 Doris EDEL, Helden auf Freiersfüßen, »Tochmare Emire« und »Mal y kavas Kulhwch Olwen«, Amsterdam 1980.

53 Vgl. R. THURNEYSEN, Die irische Helden- und Königssage bis zum 17. Jahrhundert, Halle 1921, S. 19f.

54 Nach der Ausgabe von HEYNE-SCHÜCKING, hrsg. von E. von Schaubert, Paderborn 1958[17].

55 Zur Frage der Beowulfhelme vgl. H. BECK, Das Ebersignum im Germanischen, Berlin 1965, S. 4ff.

56 Vgl. hierzu ebd., S. 21; JONES, Kings, Beasts and Heroes, S. 108ff. u. Abb. 15.

57 Beowulf, V 303ff.: »Oben auf jedem Helm glänzten die goldleuchtenden Eberzeichen. So ausgestattet und im Feuer gehärtet, schützte er das Leben seines tapferen Trägers.«

58 Vgl. F. PFISTER, Das Bild des Ebers als Amulett und Symbol, in: Ephemeris instituti archaeologici Bulgarici XVI, Sofia 1950, S. 249–255; K. HAUCK, Ein neues Prachtdenkmal römischer Triumphalkunst, in: Beiträge zur Gesch. d. dt. Sprache u. Literatur 79 (1957), S. 8–11.

59 *matrem deum venerantur. insigne superstitionis formas aprorum gestant: id pro armis omnique tutela securum deae cultorem etiam inter hostis praestat.* TACITUS, Germania, Cap. 45, Text nach der Ausgabe von E. Koestermann, Leipzig 1957, S. 31.

60 BECK (wie Anm. 55), S. 112. Abbildung bei B. CUNLIFFE, The Celtic World, London 1979, S. 57, vgl. auch S. 80.

61 Vgl. H. R. E. DAVIDSON, The Sword in Anglo-Saxon England, Its Archeology and Literature, Oxford 1962, S. 49f.

62 Vgl. Joachim WERNER, Der Fund von Ittenheim. Ein alamannisches Fürstengrab des 7. Jahrhunderts im Elsaß, Straßburg 1943, S. 15f. und Tafel 5.
63 Ebd., S. 18f. und Tafel 7.
64 Vgl. PAULY-WISSOWA, Real-Encyclopädie der classischen Altertumswissenschaft, Bd. XII, Sp. 1271f.
65 Vgl. J. A. McCULLOCH, Eddic Mythology, in: The Mythology of All Races, Boston 1930, p. 108ff.
66 Nach freundl. Auskunft des Dekans des Queen's College wird der Brauch auch heute noch gepflegt. Anstatt des Eberhauptes, das Beschaffungsschwierigkeiten bereitet, verwendet man heute ein entsprechend eindrucksvolles Haupt einer ausgewachsenen Sau, das nach Möglichkeit nicht unter 60 Pfund wiegen soll.
67 MACCULLOCH, Eddic Mythology (wie Anm. 65), S. 120ff.
68 Vgl. Anm. 24.
69 Vgl. CUNLIFFE, The Celtic World (wie Anm. 60), S. 81.
70 Abbildung bei W. KRAUSE, Religion der Kelten (Bilderatlas z. Rel.-Gesch. 17, 1933) Fig. 61.
71 Vgl. CUNLIFFE, The Celtic World (wie Anm. 60), S. 80.
72 Vgl. PFISTER, Das Bild des Ebers (wie Anm. 58), S. 255; CUNLIFFE (wie Anm. 60), S. 76.
73 Ein Symbol besonderer Fruchtbarkeit ist sicherlich die große weiße Sau mit 30 Ferkeln, die Aeneas den Ort der künftigen Stadt Lavinium anzeigt (vgl. VERGIL, Aeneis, VIII. Buch V.). Die gleiche Bedeutung dürften die Sau- und Ferkel-Darstellungen auf römischen Münzen haben. Daß das klassisch römische Verständnis von Sau- und Ferkel-Bildern bis in die heutige Zeit lebendig geblieben ist, dokumentiert u. a. eine moderne irische Halfpenny-Münze, die bis vor einigen Jahren in Umlauf war, vgl. SILLAR/MEYLER, The Symbolic Pig (wie Anm. 29), S. 11.

II. Kapitel

Das wilde Schwein in mittelalterlicher Historiographie

1. Wie ein heidnischer Teufel zum christlichen Herrscher wurde

In allen Kulturen, die mit wilden Schweinen vertraut sind, wird der Keiler gefürchtet und respektiert wegen seiner zerstörerischen Wildheit, seiner gewaltigen Kraft und seiner Zähigkeit im Kampf. Die im ersten Kapitel geschilderten europäischen Beispiele großer Eberjagden ließen sich ergänzen durch ebenso eindrucksvolle Darstellungen aus Asien. Besondere Beachtung würden hier die Erzählungen von der Inkarnation Vischnus als riesenhafter Wildeber verdienen, der in solcher Gestalt die Erde vor der Vernichtung gerettet haben soll, als er sie nach der Urflut auf seinen Hauern vom Grund des Ozeans zurückholte[1].

Es sollte der jüdischen Kultur vorbehalten bleiben, wildes wie auch zahmes Schwein ausschließlich als Verkörperung der Mächte des Bösen zu präsentieren. Wichtigste Belegstelle für diese Perspektive ist der bereits zuvor zitierte 14. Vers des 79. Psalms: *Vastavit eam aper de silva; et singularis ferus depastus est eam.* Der wilde Eber als heidnischer Zerstörer Jerusalems, des Weinbergs des Herrn, dies bedeutet das endgültige Urteil über das Tier, das ohnehin in den Augen eines jeden Gläubigen ein Greuel war. Welche Gründe die jüdische Haltung zum Schwein bestimmt haben, ob es etwa die schlechte Haltbarkeit von Schweinefleisch in warmen Ländern war oder ob sich hier ein religiöses Tabu zeigt, das die bei heidnischen Nachbarvölkern übliche Verehrung des Schweins als Fruchtbarkeitssymbol ausschließen sollte, muß hier offen bleiben[2]. Uns interessieren vielmehr die Folgen dieser Haltung für die Entfaltung der christlichen Kultur.

In der Tat übernahm das junge Christentum zunächst die im Alten Testament vorgeprägte negative Sicht des Schweins. Es läßt sich zeigen, daß fast jede Erwähnung eines Wildebers in theologischen und moralischen Texten des Mittelalters im Licht des 79. Psalms zu interpretieren ist[3]. Als jedoch der christliche Glaube in die Länder Nordeuropas vorrückte, wurde er mit einer völlig anderen Sicht des Wildebers konfrontiert. Hier war er nicht nur ein edles Wild, das die besten Krieger zum Kampf forderte, er wurde geradezu zum

Inbegriff königlicher Herrschaft. Diese Sicht hat ihren sprachlichen Ausdruck gefunden in den altirischen Wörtern *torc* und *tríath* und im altnordischen *jǫfurr*, Begriffe, die sowohl den Wildeber als auch den König bezeichnen können[4].

Die Hochschätzung des Wildebers wie auch anderer reißender Wildtiere stieß verständlicherweise bei den christlichen Missionaren auf energischen Widerspruch. So verurteilt z. B. ein anonymer Kommentator des Matthäusevangeliums aus dem 6. Jahrhundert die Unsitte der barbarischen Stämme, ihren Söhnen Namen zu geben, die von reißenden Bestien und räuberischen Vögeln abgeleitet seien, weil sie gerne damit prahlten, Söhne zu haben, die sich für den Krieg eigneten und rasend nach Blut dürsteten[5].

Die Empörung über die Praxis germanischer Namensgebung zeitigte bei den Betroffenen keinerlei Sinneswandel. Bis zum heutigen Tag erfreuen sich von Raubtierbezeichnungen abgeleitete Männernamen wie Wolfgang, Bernhard, Arno und Eberhard uneingeschränkter Beliebtheit. Auch das Ansehen des Wildebers erlitt durch dessen negative Interpretation in der Bibel keinerlei Einbuße. Im Gegenteil, es gelang dem Keiler sogar die Besetzung höchst prominenter Positionen in bedeutenden Werken christlich-mittelalterlicher Geschichtsschreibung. In der Gestalt dieses Tieres erscheinen im 12. Jahrhundert sowohl der Römische Kaiser als auch König Arthur.

Es scheint, daß kein Geringerer als der Kirchenvater Hieronymus dem Wildeber hierzu den Weg gebahnt hat. In seinem Kommentar zum 7. Kapitel des Buches Daniel verbindet er die Interpretation des vom Propheten geschauten geheimnisvollen vierten Tieres mit einer Erläuterung zum weinbergzerstörenden Eber des 79. Psalms:

... et ecce bestia quarta terribilis atque mirabilis, et fortis nimis: dentes ferreos habebat magnos, comedens atque comminuens, et reliqua pedibus suis conculcans[6].

... und siehe, da war das vierte Tier, Schrecken verbreitend, von wunderlichem Aussehen und von übergroßer Kraft: Es hatte große, eiserne Zähne, mit denen zerstörte und verwüstete es alles, und was noch übrig blieb, zerstampfte es unter seinen Füßen.

Im weltgeschichtlichen Denken des frühen Christentums repräsentiert dieses furchteinflößende Ungeheuer Rom, das IV. Weltreich, den Vorläufer des Antichrists, und in dieser Rolle natürlich ganz versessen darauf, die junge Kirche zu zerstören.

Hieronymus schließt sich dieser traditionellen Deutung an, er fragt sich aber dann, warum das Tier im Unterschied zu den vorausgehenden, dem Löwen, dem Bären und dem Leoparden, anonym geblieben ist. Seine Kenntnis des 79. Psalms bietet ihm den Schlüssel zur Identifizierung. Das vierte Tier ist der

Wildeber, der den Weinberg des Herrn, Jerusalem, zerstört hat. Damit macht er Gebrauch von einer bereits existierenden Deutung des zerstörenden Ebers: Sie sah in dem Tier eben jene Macht, die für die historische Zerstörung der Heiligen Stadt im Jahre 70 n. Chr. verantwortlich war. Die so geschaffene Beziehung zwischen Wildeber und Römischem Weltreich sollte für die Bibelauslegung des ganzen Mittelalters verbindlich werden[7].

Zu Beginn des 12. Jahrhunderts scheint jedoch der Eber des Römischen Weltreichs seine negativen Charakterzüge abgelegt zu haben. Dies ist zu beobachten in zwei wichtigen mittelhochdeutschen Geschichtswerken jener Zeit, dem Annolied (um 1100) und der Kaiserchronik (um 1250). Beide Werke benutzen Daniels Vision von den vier Weltreichen als theoretische Grundlage ihrer Betrachtung der Weltgeschichte und bedienen sich dazu auch des Kommentars von Hieronymus zum entsprechenden Kapitel des Prophetenbuchs.

Das vierde dier ein ebir was	Das vierte Tier war ein Eber.
Die cünin Romere meindi daz	Es bezeichnet die kühnen Römer.
Iz haviti isirni clawin,	Es war ausgerüstet mit eisernen Klauen,
Daz ne conde nieman gevan;	niemand konnte es einfangen.
Isirne ceine vreisam;	Furchterregende eiserne Zähne;
Wi sol diz iemir werdin zam?	wie mag es jemals zahm werden?
Wole bizeichinit uns das waltsuin	Treffend verdeutlicht uns das Schwein
Daz did riche ci rome sal vri sin.	des Waldes, daß dieses Römische Reich
(Annolied Str. XVI)[8]	frei sein soll.

Das Bild des gewalttätigen Erzfeindes hat sich gewandelt zum Symbol legitimer Herrschaft. Im Unterschied zu Hieronymus betont dieser Autor die Kühnheit und überlegene Stärke des Tieres und nicht seine zerstörerische Wildheit. Das Bild eines durch die Wälder streifenden Keilers verweist für ihn auf die Ideale von Freiheit und Unabhängigkeit.

In ähnlicher Weise vollzieht sich auch in der Kaiserchronik eine Verwandlung des ehemals bedrohlichen biblischen Bildes:

wol bezaichenet uns daz wilde swîn	Treffend verdeutlicht uns das wilde
daz daz rîche ze Rôme sol iemer frî sîn.	Schwein, daß das Reich zu Rom immer
(Kaiserchronik V. 577 f.)	frei sein soll.

Dieser Wildeber erscheint noch einmal im Zusammenhang der Zerstörung Jerusalems durch Titus. Hier tauchen auch die zehn Hörner auf, die nach Auskunft des Buches Daniel zur Ausstattung des Tieres des vierten Weltreichs gehören:

er vuort ainen gruonen van	Er (Titus) führte eine grüne Fahne mit.
mit golde was geworht dar an	Darauf fand sich in Gold gewirkt ein
ain eber wilde	wilder Eber, ein staunenswertes Bild.
in wunderlîchem pilde.	

der selbe eber zehen horn truoc,
mit den er sîne vîande nider sluoc.
wol bezaichenet uns daz eberswîn,
daz daz rîche ze Rôme sol vor den andern sîn.
(Kaiserchronik V. 5263 ff.)[9]

Dieser Eber trug nämlich zehn Hörner, mit denen er seine Feinde niederschlug. Treffend verdeutlicht uns das Wildschwein, daß das Reich zu Rom über allen anderen sein soll. *Abb. 6*

Die literarische Mutation des imperialen Ebers Roms vom Zeichen der gewaltigsten antichristlichen Macht zum Symbol legitimer Herrschaft ist der Aufmerksamkeit von Historikern und Literaturwissenschaftlern nicht entgangen[10]. Gleiches läßt sich jedoch nicht behaupten von einem anderen prominenten Eber des 12. Jahrhunderts, dem Eber von Cornwall. Er betritt das Licht der literarischen Welt in den Prophezeiungen Merlins im VII. Buch der Geschichte der Könige Britanniens von Gottfried von Monmouth. Es ist der Augenblick, wo König Vortigern, durch Verrat und Mord an seinem Vorgänger an die Macht gekommen, von Merlin sein zukünftiges Geschick erfährt: Vortigerns Werk, das für die Briten so fatale Bündnis mit den Sachsen, werde binnen kurzem sein wohlverdientes Ende finden. Denn der Eber von Cornwall werde kommen und ihre Nacken unter seinen Füßen zertrampeln. Die Insel des Meeres und die Wälder Galliens würden in seine Gewalt kommen. Selbst das römische Imperium werde vor seiner Stärke erzittern, und sein Ende werde in Zweifel gezogen werden. Das Volk werde ihn feiern, und seine Taten würden den Stoff vieler Erzählungen liefern. Die Nachkommen Vortigerns aber werde der Eber von Cornwall verschlingen.

Der kundige zeitgenössische Leser wird wenig Mühe gehabt haben, diesen Eber zu identifizieren. Niemand anders konnte gemeint sein als König Arthur, jener legendäre Führer der Briten, der gerade durch Gottfrieds lateinische Historia in ganz Europa bekannt geworden war und sich zur glanzvollsten Herrschergestalt mittelalterlicher Literatur weiterentwickeln sollte. Der lateinische Wortlaut der entscheidenden Zeilen ähnelt in auffallender Weise der Beschreibung des vierten Tieres in der zuvor genannten Vision Daniels. In der Historia heißt es zu Beginn der Prophezeiung Merlins:

Aper cornubie... colla eorum sub pedibus suis conculabit. ... Tremebit romulea domus seuiciam ipsius.

Der Eber von Cornwall... wird ihre Nacken unter seinen Füßen zerstampfen... Erzittern wird vor seiner Wildheit das Geschlecht des Romulus (= das Römische Reich)

und zu Beginn des VII. Buches:

quos (posteri Vortegirni) aper cornubie deuorabit[11]

Die Nachkommen Vortigerns wird der Eber von Cornwall verschlingen.

Im lateinischen Bibeltext ist zu lesen:

ecce bestia quarta... reliqua pedibus suis conculcans. (Dan. 7,7)	siehe, das vierte Tier... das übrig Gebliebene unter seinen Füßen zerstampfend.
... bestia quarta... reliqua pedibus suis conculcabat. (7,19)	... das vierte Tier... zerstampfte das übrig Gebliebene unter seinen Füßen.
Bestia quarta... devorabit universam terram... et conculcabit eam. (7,23)[12]	Das vierte Tier... wird die ganze Welt verschlingen... und zerstampfen.

Die auf Hieronymus zurückgehende Identifikation des vierten Tieres als Wildeber dürfte dem Kleriker und Magister Gottfried von Monmouth kaum unbekannt geblieben sein. In der Tat gibt es eine Reihe von Untersuchungen zur Historia, die Gottfrieds genaue Kenntnis der Bibel beweisen. Der *aper cornubie* wird jedoch nirgends in die Betrachtung einbezogen[13]. Dagegen wurde des öfteren, was naheliegend war, versucht, den *aper cornubie* aus walisischen Vorbildern zu erklären. Hierzu dienten vor allem Zeugnisse altwalisischer Dichtung, die nicht selten den Namen des jeweiligen Helden durch eine passende Tierbezeichnung ersetzen. Auch auf Arthurs Jagd des königlichen Wildebers Twrch Trwyth wurde verwiesen. In der Tat findet man in der frühen Poesie aus Wales eindrucksvolle Tiermetaphern. In einem Gedicht aus vornormannischer Zeit, das ganz und gar vom Haß gegen angelsächsische Fremdherrschaft bestimmt ist, wird das Kommen zweier gewaltiger Bären angekündigt, die die Sachsen im Namen Gottes vernichten würden. Wie an anderer Stelle desselben Gedichts zu erfahren ist, handelt es sich dabei um zwei wiederkehrende Könige der frühen Zeit, Conan und Cadwallader. In einem anderen prophetischen Gedicht aus derselben Handschrift ist von einem Drachenfürsten aus Irland die Rede, der nach Wales kommen wird, um die Britonen gegen den englischen König zu verteidigen. Ihm wiederum wird Hilfe zuteil von einem »Bären des Südens«, der in die nordwalisische Provinz Gwynedd einfallen wird[14]. Rupert Taylor, der in seinem grundlegenden Werk zur politischen Prophetie im alten England auch das Problem der Tierbilder behandelt hat, zitiert mehrere Beispiele aus der frühen Dichtung, in denen ein Krieger mit einem Eber verglichen wird[15]. Wenn es sich hierbei auch lediglich um Vergleiche und nicht um eine Ersetzung des Namens durch die Tierbezeichnung handelt, so beweisen diese Zeugnisse doch, daß ein Begriff wie »Eber von Cornwall« durchaus einheimischen, britischen Traditionen entsprach.

Daß der Eber Twrch Trwyth als Vorbild für den *aper cornubie* betrachtet wurde, ist nur allzu verständlich. Schließlich ist der Twrch ja kein gewöhnliches Wildtier, sondern ein König in Ebergestalt[16]. Gerade diese Gestalt ist ja wie kaum eine andere geeignet, auf das zu verweisen, was sie rein äußerlich verdeckt, einen stolzen mächtigen Herrscher, der jederzeit bereit ist zum

Kampf. Seine Ebenbürtigkeit mit dem legendären Führer der Briten wird ferner dadurch unterstrichen, daß er von Arthur zwar eine Niederlage erfährt, niemals jedoch endgültig besiegt wird. Schauplatz seiner letzten Kämpfe ist Cornwall, eben das Land, das Gottfried zur Kennzeichnung eines Ebers benutzt, wenn er Arthur meint. Nachdem der Eberkönig Twrch sich in die irische See gestürzt hat, gehört das von ihm heimgesuchte Land wieder im vollen Sinn seinem rechtmäßigen Besitzer, dem Eber von Cornwall.

Läßt man sich trotz jener eindrucksvollen Parallelen zur altwalisischen Literatur nicht entmutigen, für Gottfrieds *aper cornubie* eine Verbindung zur Ebergestalt der Danielvision zu suchen, dann ist ferner zu berücksichtigen, daß der Wildeber in einem Textzusammenhang steht, der eine große Anzahl weiterer Tierbilder enthält, darunter nicht weniger als fünf weitere Eber, zwei von ihnen, der »Eber des Handels« und der »Eber von Totnes«, mit einem kennzeichnenden Beiwort wie in der Bezeichnung »Eber von Cornwall«[17]. Besonderes Gewicht hat schließlich Gottfrieds eigene Aussage in der Einleitung des Textes, wo er versichert, daß er die Prophezeiungen Merlins aus dem Britischen ins Lateinische übersetzt habe[18]. Wenn auch diese direkte Quelle Gottfrieds niemals gefunden wurde, so besteht keinerlei Anlaß, die Bemerkung des Verfassers als unwahr abzutun. Schließlich existieren handschriftliche Überlieferungen altwalisischer Prophetie, die dem Text Gottfrieds durchaus vergleichbar sind. Die Chancen für den Nachweis eines Bezugs zum Eber der Danielvision scheinen demnach außerordentlich gering.

Dennoch gibt es hierfür einige wichtige Anhaltspunkte. Kaum zu überschätzen ist in diesem Zusammenhang der Umstand, daß Gottfried lateinisch schreibt und eben nicht kymrisch wie seine Quellen. Dies bedeutet ipso facto einen deutlichen Schritt weg von der literarischen Tradition des alten Wales und hin zur mittelalterlichen Universalität lateinischer Kultur. Der wichtigste Träger der lateinischen Kultur war zur Zeit Gottfrieds die Kirche. Die Kathedralschulen und die in kirchlichem Auftrag lehrenden frühen Universitäten vermittelten jedem Wißbegierigen neben einer Einführung in die Sprache und Literatur des alten Rom vor allem eine detaillierte Kenntnis der Bibel und ihrer spezifisch mittelalterlichen Auslegung. Auch der Autor der Historia genoß eine derartige Ausbildung, doch nicht nur dies, er wurde Kanonikus und Magister im damals gerade zu erstem Ansehen gelangenden Schulbetrieb von Oxford[19]. Bei dieser Sachlage wäre es außerordentlich verwunderlich, wenn sein literarisches Werk nicht den Einfluß mittelalterlicher Bibellektüre erkennen ließe. Zwar darf nicht in jedem seiner vielen Tiervergleiche eine Anspielung auf biblische Vorbilder gesehen werden, wenn jedoch eine derart prominente Gestalt wie König Arthur unter dem Bild eines Wildebers dargestellt wird, so scheint eine Suche nach ebenso prominenten biblischen

Vorbildern mehr als gerechtfertigt. Gottfrieds mit der lateinischen Bibel vertrauter Leserschaft mag dabei durchaus der Gedanke an die Darstellung des vierten und gewaltigsten Weltreiches unter dem Bild eines Ebers gekommen sein. Entsprechende Zeugnisse, etwa in Kommentaren zur Prophetie Merlins, sind jedoch nicht überliefert.

Daß Gottfried selbst derartige Gedanken hegte, läßt sich aus einer Reihe von Besonderheiten des lateinischen Textes als wahrscheinlich erweisen. Sein Eber von Cornwall vernichtet die sächsischen Eindringlinge, indem er sie unter seinen Füßen zertrampelt *(sub pedibus suis conculcabit)*. An der Formulierung mag zunächst nichts auffällig erscheinen, denn jedermann weiß, welchen Schaden marodierende Wildschweine anrichten, wenn sie die Felder zertrampeln. Doch handelt es sich in Gottfrieds Text nicht um Felder, sondern um schwerbewaffnete Krieger. Die einzige Möglichkeit für ein Wildschwein, solcher Gegner Herr zu werden, besteht im ausgiebigen Gebrauch seiner Hauer. Schon in der dem Mittelalter wohlbekannten kalydonischen Eberjagd aus Ovids Metamorphosen reichen die trampelnden Läufe des Schweins lediglich aus, die junge Saat zu vernichten[20]. Für den Kampf gegen die Jäger sind andere Waffen erforderlich: die Kraft seines gewaltigen Hauptes mit den Elefantenmaß erreichenden Hauern. Gerade die Hauer sind es, die immer wieder die Phantasie mittelalterlicher Dichter anregen und zum Synonym für Zorn und Wildheit werden. Demgegenüber haben die im Vergleich zur Köpermasse eines Schweins eher bescheidene Ausmaße zeigenden Läufe in der Literatur nur wenig Beachtung gefunden. Vinzenz von Beauvais und Albertus Magnus, Enzyklopädisten des 13. Jahrhunderts, versichern sogar, daß ein am Boden Liegender, der unter die trampelnden Läufe eines Wildschweins gerate, mit dem Leben davonkomme, da die nach oben gekrümmten Hauer nur einen Stehenden tödlich verletzen könnten[21]. Ein unbekannter Dominikaner aus der gleichen Zeit ist auch alsbald mit einer geistlichen Auslegung dieses Umstands zur Hand und deutet das am Boden Liegen als Bild wahrer Demut, die unbedingt erforderlich sei, wenn man dem Wildeber Teufel entkommen wolle[22]. Ein anonymer Autor des 14. Jahrhunderts, der Gottfrieds Text kommentiert, scheint ebenfalls trampelnde Schweineläufe für unzureichend zu halten, wenn es um den Sieg über bewaffnete Gegner geht. Er merkt nämlich zum *aper cornubie* an, daß Merlin Arthur deswegen so genannt habe, weil er nach Art eines Wildebers, d. h. mit scharfen Hauern, auf die Sachsen eingedrungen sei[23].

Bei dieser Quellenlage gewinnt die Frage an Bedeutung, wieso Gottfried denn hier gerade von trampelnden Läufen spricht, wenn andere Bilder doch naheliegender gewesen wären. Es drängt sich der Eindruck auf, daß hier biblischer Sprachgebrauch eine wesentliche Rolle gespielt hat. Gerade die

Prophetentexte verwenden in nahezu ermüdender Häufigkeit das entscheidende Wort *conculcare*. Der hier vor allem in Betracht kommende Text, die Prophetie Daniels vom Tier des IV. Weltreichs, benutzt in 16 Versen gleich dreimal dieses Wort, davon zweimal in der auch bei Gottfried begegnenden Verbindung *pedibus suis conculcare*[24]. Dieser Begriff gehört somit zum Standardwortschatz prophetischer Drohrede des Alten Testaments. Anzunehmen ist, daß sich das immer wiederkehrende alttestamentliche Drohwort jedem Studenten und Lehrer einer kirchlichen Hochschule des 12. Jahrhunderts unvergeßlich eingeprägt haben muß. Sollte der Oxforder Magister Gottfried sich dieser Zusammenhänge nicht bewußt gewesen sein, als er den Eber von Cornwall mit den gleichen Begriffen schilderte wie die Danielvision das Tier des IV. Weltreichs, den Eber Roms, wie Hieronymus ausführt?

Für eine Beantwortung der Frage wäre es gut zu wissen, ob Gottfried im Zusammenhang mit Arthur Ausdrücke verwendet, die noch eindeutiger auf prophetisch-apokalyptische Bibeltexte verweisen als jenes *pedibus suis conculcare*. Hierzu ist ein Blick auf Arthurs letzte Schlacht erforderlich, den Kampf mit seinem verräterischen Neffen Mordred am Fluß Camel. Jener hat nicht weniger als 60000 Mann gegen den König aufgeboten, die er auf sieben Bataillone verteilt. Dabei sollen sechs jeweils 6666 Mann enthalten, während die dann verbleibenden 20004 Krieger das siebte Bataillon bilden. Letzteres übernimmt er selbst, während er für die Führung der anderen Hauptleute bestellt. Arthur verfügt über neun Bataillone, die Gesamtzahl seiner Mannen wird nicht genannt. Nach einem schweren, verlustreichen Kampf wagt Arthur schließlich den entscheidenden Angriff gegen Mordreds Großbataillon mit nur einem einzigen Bataillon, das über genau 6666 Mann verfügt. Der Verräter Mordred wird dabei erschlagen. Der schwerverwundete Arthur wird anschließend zur Heilung seiner Wunden nach Avalon gebracht[25].

Die offensichtliche Zahlensymbolik hat bei der modernen Forschung keine besondere Beachtung gefunden, was jedoch wenig verwundert, wenn man bedenkt, daß schon die frühesten volkssprachlichen Übertragungen von Gottfrieds Historia mit den Zahlen anscheinend nichts anzufangen wissen. Die um die Mitte des 12. Jahrhunderts entstandene altfranzösische Fassung des Stoffs nennt bei der Schilderung der beiden Armeen überhaupt keine Zahlen. Die gegen Ende desselben Jahrhunderts verfaßte altenglische Version zitiert zwar wie die Historia 60000 Mann auf Seiten Mordreds, an Stelle der genauen Zahl 6666 für die Bataillonsstärke spricht sie dann aber ziemlich vage von »vielen zusätzlichen Tausenden«[26]. Die Stärke von Arthurs Armee wird noch weniger präzise gekennzeichnet als »unzählbare Massen von Kriegern«.

Zum Verständnis der geheimnisvollen Zahl ist ein Blick in das 13. Kapitel der Johannesapokalypse erforderlich. Hier ist von einer gewaltigen Bestie die

Rede, die aus dem Meer aufsteigt und sich durch eindrucksvolle Taten die Hörigkeit der ganzen Welt verschafft. Die Gestalt des Monsters ist zusammengesetzt aus eben den Tieren, die in der vorher zitierten Danielvision auftreten. All seine Anhänger tragen seinen Namen oder seine Schlüsselzahl auf der rechten Hand oder auf der Stirn. Sein Name bleibt ungenannt, seine Schlüsselzahl jedoch wird enthüllt. Es ist die Zahl 666. Seit frühesten christlichen Zeiten wird das hiermit bezeichnete Tier als Bild des kommenden Antichrists verstanden. Wenn Gottfrieds Mordred nun über 6 Bataillone mit jeweils 6666 Mann verfügt und Arthurs für die Schlacht aufgebotenes Bataillon ebenfalls 6666 Mann umfaßt, dann soll dieser Kampf bewußt in einen apokalyptischen Zusammenhang gestellt werden[27], wenn auch die Veränderung der biblischen Vorlage durch Hinzufügen einer weiteren 6 zu verdeutlichen scheint, daß weder Mordred, geschweige denn Arthur als reale »Erscheinungsformen« des Antichrists gedacht sind. In diesem Zusammenhang darf nicht vergessen werden, daß Gottfried ja ein zweites Kommen des legendären Britenherrschers durchaus nicht ausgeschlossen hat. Zwar erwähnt er im Kontext des Schlachtausgangs nur Arthurs Verbringung nach Avalon, ohne von einer künftigen Herrschaft zu reden, bei der Vorstellung Arthurs als Eber von Cornwall jedoch erlaubt er sich die Bemerkung, daß sein Ende in Zweifel gezogen werde. Mittelalterliche Kommentatoren glossierten dann diese Textstelle mit dem Hinweis auf Wiederkunftshoffnungen der Briten[28].

Zu jenem unter dem Zeichen der apokalyptischen Zahl 666 stattfindenden Entscheidungskampf läßt sich eine zeitgenössische Parallele finden an einer Stelle, wo man sie am wenigsten vermutet. Es handelt sich um den Kampf der Wildsau Salaura mit dem Wolf Ysengrimus im VII. Buch des etwa zehn Jahre nach Gottfrieds Historia vollendeten großen lateinischen Tierepos. Der Wolf findet hier sein Ende unter den Fängen von 66 rasenden Wildschweinen. Hier begegnet auch wieder eine Schilderung trampelnder Füße, allerdings gehören sie nicht den Wildschweinen, sondern den Heerscharen von Gog und Magog, die mit den wütenden Schweinen verglichen werden[29]. Die Briten scheinen dem Verfasser des Epos wohlbekannt zu sein, dies jedoch in wenig schmeichelhafter Weise. Sie gelten ihm als Maulhelden, die sich auf die Taten vergangener Helden etwas zugute halten, dabei aber unfähig sind, ihr eigenes Land zu verteidigen, wenn es angegriffen wird, wie z. B. von William dem Eroberer. Unter den 66 Wildschweinen findet sich auch ein englischer Eber mit dem Namen Baltero. Schon bei seiner Vorstellung durch Salaura erscheint er in einem recht zweifelhaften Licht: »Hier siehst du Baltero, das Mastschwein, ein Großneffe von mir, ein englischer Bastard« (Ysengr. VII, 121).

Dieser wenig ehrenvollen Präsentation entspricht sein Verhalten beim Angriff auf den Wolf. Er befehligt die Nachhut der stürmenden Rotte. Seine

Attacken auf den Wolf sind lediglich verbaler Natur, und dabei versteckt er sich auch noch hinter dem breiten Rücken der Sau Becca[30]. Zieht man in Betracht, wie weit Handschriften von Gottfrieds Historia um die Mitte des 12. Jahrhunderts schon verbreitet waren, mag es nicht ausgeschlossen sein, daß der Autor des Ysengrimus von Gottfrieds Werk bereits Kenntnis erhalten hatte[31]. In diesem Fall wäre der Angriff der 66 Wildschweine auf den Wolf eine deftige Parodie auf die dramatischen Ereignisse rund um das Ende der irdischen Karriere des »Ebers von Cornwall«. Gesicherte Resultate lassen sich jedoch bei dieser Frage wohl kaum erwarten.

Eine andere, näherliegende Frage läßt sich dagegen durchaus beantworten: Welche Bedeutung hat die gegebene Interpretation des »Ebers von Cornwall« für das Verständnis von Gottfrieds Geschichtsdenken? Wenn das Bild des seine Feinde zertrampelnden »Ebers von Cornwall« tatsächlich eine Anspielung auf den Eber des IV. Weltreichs darstellte, dann hieße dies nichts Geringeres als den Versuch einer Neuordnung des Laufs der Weltgeschichte. Das letzte große Weltreich, das dem Kommen des Antichrists vorausgeht, müßte dann eigentlich ein britisches und nicht ein römisches Reich sein. Das traditionelle mittelalterliche Geschichtskonzept umfaßt jedoch nur vier und nicht etwa fünf Weltreiche. Da Rom bereits den Platz des vierten Reiches besetzt hielt, gab es für die Briten nur die Möglichkeit, einen Herrscher zu präsentieren, der selbst römischer Kaiser wird und damit gleichsam eine *translatio imperii* von den Römern zu den Briten ermöglicht. Der König Arthur in Gottfrieds ehrgeizigem Gedankenspiel muß daher natürlich nach Rom ziehen und dort seine letzte und wichtigste Aufgabe erfüllen, die Übernahme des Kaisertums. Oder in der Sprache der Tiersymbolik: Nachdem der »Eber von Cornwall« fast alle Länder unter seine Herrschaft gebracht hat, wartet auf ihn nur noch die große Konfrontation mit dem »Eber von Rom«, dem Repräsentanten des IV. Weltreichs. Daß das Römische Reich dann eben doch nicht in ein Heiliges Römisches Reich Britischer Nation umgewandelt werden kann, ist, wie Gottfried unmißverständlich demonstriert, keineswegs auf die Unfähigkeit des »Ebers von Cornwall« zurückzuführen, sondern auf den gemeinen Verrat eines Mordred. Im übrigen ist ja für Gottfried das letzte Wort über diesen Eber noch keineswegs gesprochen. Vielmehr nährt seine Darstellung Hoffnungen, daß eine künftige Zeit durchaus noch ein Britisches Imperium erleben mag, das alle früheren Reiche in den Schatten stellt, Hoffnungen, die, wie die folgenden Jahrhunderte zeigen sollten, nicht ganz unberechtigt waren.

Des Autors bisweilen sehr subtile Anspielung auf apokalyptische Vorgänge wurden nur selten als solche verstanden. Der Wildeber jedoch sollte zu einem beliebten Symbol politischer Propagandadichtung werden. So wird z. B. der sehr erfolgreiche König Edward III., der Sieger der ersten großen Schlacht im hundertjährigen Krieg zwischen England und Frankreich, als »Eber von Britannien« bezeichnet. Der entsprechende Text gibt sich als Prophezeiung des Thomas Becket aus, wurde aber ganz offensichtlich im 14. Jahrhundert verfaßt[32]. Eine ganz ähnliche Benennung Edwards III. findet sich in einem lateinischen Gedicht aus der gleichen Zeit, das den König als *aper Anglicus* (Eber von England) feiert[33]. Die zwei Texte aus dem 14. Jahrhundert machen somit Gebrauch von einem Tiersymbol, dessen Ursprung offensichtlich beim »Eber von Cornwall« des 12. Jahrhunderts zu suchen ist.

Zum Abschluß unserer Exkursion ins Gebiet königlicher Wildeber ist die Perspektive noch einmal zu erweitern, so daß die mittelhochdeutschen Geschichtswerke in den Blick kommen, die zu Beginn zitiert wurden. Es ist nicht ohne Bedeutung, daß alle drei Texte, die das Bild des biblischen Ebers radikal umwerten, in einer Zeitspanne von etwa fünfzig Jahren entstanden[34], und zwar in der ersten Hälfte des 12. Jahrhunderts, der Pionierzeit des literarischen Mittelalters, in der alle großen Themen ihre für viele Jahrhunderte gültige Prägung erfahren sollten. Der Eber von Rom im Annolied und in der Kaiserchronik und der Eber von Cornwall in Gottfrieds Historia wären dann zu verstehen als literarische Experimente gebildeter Autoren des 12. Jahrhunderts, die kühn genug waren, ein fest etabliertes biblisches Konzept völlig umzukehren.

2. Der Wildeber in mittelalterlichen Wappen

Aus der Zeit, die den Wandel des teuflischen Wildebers zum Bild eines christlichen Herrschers erlebte, stammen auch die ersten historischen Eberwappen. Als ältestes Beispiel gilt das Siegelbild des fränkischen Grafen Rudolf von Ramsberg aus dem Jahr 1163. Es zeigt einen nach rechts blickenden stehenden Eber[35]. Ein weiteres frühes Eberwappen ist mit dem 1195 entstandenen Geschichtswerk des Petrus von Ebulo dokumentiert, einem lateinischen Gedicht, das von den Kämpfen der Staufer in Sizilien berichtet. Träger des Eberwappens ist hier ein gewisser Diepold von Schweinspoint, der ein glühender Parteigänger Heinrichs VI. gewesen zu sein scheint. In der illustrierten Handschrift des Gedichts finden sich mehrere Abbildungen seines Wappens. Der Zuname dieses Ritters »von Schweinspoint« legt den Schluß nahe, daß es sich hier um ein sogenanntes »sprechendes Wappen« handelt, ein Wappen also, das in erster Linie den Namen seines Trägers bildlich veranschaulichen soll. Dies würde dann bedeuten, daß bei der Wahl des Eberbildes

Abb. 7

der in ihm liegende Symbolgehalt von höchstens sekundärer Bedeutung war. Es wäre dann nicht das Eberwappen zu deuten, man müßte vielmehr fragen, wie es zu der Bildung des Namens »Schweinspoint« kam . Das Gedicht des Petrus von Ebulo zeigt jedoch, daß man in Diepold durchaus Qualitäten erkannte, die einen Vergleich mit der Kampfkraft des Wildebers rechtfertigten. So wird er z. B. im Text als »Eber mit mächtigen Hauern« *(dentipotens aper)* gepriesen. In einer Rede vor der Schlacht vergleicht er sich und seine Gefolgschaft mit Wildschweinen *(sues)*, während er seine Gegner geringschätzig als Hausvieh *(pecudes)* abtut[36].

Wenn auch nur wenige außerliterarische Belege vorliegen, so scheint der Wildeber als Wappentier schon im frühen 13. Jahrhundert doch große Beliebtheit genossen zu haben. Wie anders wäre sonst eine einschlägige Warnung im »Welschen Gast« des Thomasin von Zerclaere (1215/16) zu verstehen, der ersten großen Ritterlehre des Mittelalters? Der Autor mahnt hier diejenigen, die den Eber als Wappentier gewählt haben, sich mit einem Tier zu begnügen und nicht eine ganze Rotte von Wildschweinen *(swînherte)* im Schild zu führen, da dies als Maßlosigkeit ausgelegt werden müßte (Der welsche Gast, V. 1045 ff.)[37].

Otto Höfler hat in seiner Studie »Zur Herkunft der Heraldik« die These vertreten, daß die seit dem Ende des 12. Jahrhunderts immer beliebter werdenden Wappeneber letztlich von vorchristlichen Symbolfiguren abstammen, die durch das sich ausbreitende Christentum zwar für eine gewisse Zeit unterdrückt werden konnten, jetzt aber in der ritterlichen Gesellschaft des hohen Mittelalters zu neuen Ehren gelangten[38]. In der Tat belegen einige zeitgenössische Literaturwerke, daß die neue öffentliche Wertschätzung des Wildebers in einer christlichen Gesellschaft durchaus nicht unumstritten war. Das von einem Regensburger Geistlichen namens Konrad um 1170 verfaßte deutsche Rolandslied stattet in Abweichung von der altfranzösischen Vorlage einen prominenten Gegner des christlichen Heeres mit einem Eberwappen aus. Es handelt sich um den heidnischen König Estorgant. Von ihm wird gesagt:

ain uan furter an der hant *dar an stunt ein eberswin* *alrot guldin (Rolandslied 4878 ff.)*	Er trug eine Fahne in der Hand, darauf stand das Bild eines Wildebers, ganz in rotem Gold gewirkt.

Diesem eindrucksvollen Bild läßt der Autor alsbald die Bemerkung folgen:

lutzel half si daz: *untruwe nemac nicht gesigen,* *diu hochmuot muz ie unter geligen.*	Das nützte ihnen wenig. Ruchlosigkeit kann eben nicht den Sieg davontragen. Hochmut muß immer vor dem Fall kommen.

Der folgende Kampf dient dann gleichsam als Beleg für die hier vorgetragene Ansicht. Dem Träger des goldenen Ebers wird von einem christlichen Helden namens Hatte ein schimpfliches Ende bereitet. Ein gut gezielter Hieb trifft König Estorgant so genau, daß sein Haupt zur einen Seite auf einen Stein, sein Rumpf auf der anderen Seite talwärts fällt, all dies zur allgemeinen Freude der Christenschar. Das Eberwappen des heidnischen Königs ist demnach ganz im Sinn der Auslegung des 79. Psalms zu verstehen, nämlich als Bild diabolischen Hochmuts, der es darauf anlegte, das wahre Volk Gottes ins Verderben zu stürzen[39]. Etwa einhundert Jahre nach dem Rolandslied schreibt Konrad von Würzburg seinen großen ritterlichen Aventiureroman »Partonopier«, in dem ein heidnischer König namens Marroch auftritt, der ebenfalls Träger eines Eberwappens ist. Ausführlich beschreibt Konrad den mit diesem Wappen geschmückten Schild des Königs:

er fuorte in einem velde blâ
von golde ein wildez eberswîn,
daz eine krône silberîn
truoc vil wol gereinet
diu schône was gesteinet
mit smaragden grüene.

Er führte auf blauem Feld einen goldenen Wildeber, der eine Krone aus reinem Silber trug, die anmutig mit grünen Smaragden besetzt war.

Der Träger des mit Gold, Silber und Edelsteinen prächtig ausgestatteten Eberschilds, Marroch, wird ebenso wie Estorgant des übertriebenen Stolzes und frevelhaften Übermuts bezichtigt. Er findet auch alsbald durch den Titelhelden Partonopier sein nach Meinung des Autors wohlverdientes Ende[40].

Während die Wappeneber der zwei heidnischen Könige eindeutig einen Bezug zum biblischen Weinbergzerstörer erkennen lassen, sind einige weitere literarische Eberwappen eher als Hinweis auf die ungewöhnliche Tapferkeit ihrer Träger zu verstehen. Dies gilt z. B. für das am Vorbild des Nibelungenliedes orientierte Heldenepos »Biterolf und Dietleib« aus der Mitte des 13. Jahrhunderts. Die Fahne der Burgunder zeigt hier einen silbernen Eber[41]. Ein Eberwappen trägt auch der Titelheld des ersten großen Liebesromans der europäischen Literatur, Gottfried von Straßburgs »Tristan und Isolde« (frühes 13. Jahrhundert). Er wird zum erstenmal erwähnt bei der Darstellung von Tristans Schwertleite. In offensichtlich ironischer Anspielung auf frühere Heldenschilderungen versichert er, daß Tristan auf allen Gebieten ritterlicher Bewährung so vollkommen gewesen sei, daß es eigentlich müßig sei zu beschreiben, wie der Gott Vulkan

... entwürfe und snite
den kuonheit nie bevilte,
den eber an dem schilte.
(Tristan 4940ff.)

ein Bild dessen, dem es an Kühnheit nie gebricht, eben des Ebers, für sein Schild entwarf und darin einstanzte.

Ein zweites Mal begegnet Tristans Eberschild bei den Vorbereitungen zum Kampf mit dem Tribut fordernden irischen Herzog Morold:

ein eber dar uf gesniten was *vil meisterlichen unde wol* *von swarzem zobel alsam ein kol. (6614ff.)*	darauf war ein Eber eingearbeitet in meisterlicher Weise nach Art des schwarzen Zobels kohlenfarben[42].

Auch hier sieht es so aus, als wolle der Eber auf die besonderen Qualitäten des Helden im Kampf verweisen. Eine intensivere Beschäftigung mit dem Roman Gottfrieds offenbart jedoch bald, daß die Beziehung Tristans zum Eber mit schlichten und eindeutigen Begriffen wie Mut und Kampfkraft nur unzureichend beschrieben ist. Es finden sich im Text noch weitere Stellen, die den Helden in die Nähe des Tieres rücken. Besonders auffallend ist die Schilderung des Ebertraums von Tristans Stubengefährten Marjodoc, dem Truchseß König Markes. Als Tristan sich wieder einmal zu einem nächtlichen Stelldichein mit der Königin fortgeschlichen hat, geschieht nämlich Folgendes:

der truhsaeze der gesah *in sime troume, da er slief,* *einen eber, der uz dem walde lief,* *vreislich unde vreissam:* *uf des küneges hof er kam* *schumende unde wetzende* *und sich ze wige setzende* *uf allez daz, daz er da vant.* *... da lief michel ritterschaft* *umbe den eber her unde hin* *und enwas doch nieman under in,* *der in getorste bestan.* *sus liez er allez hinne gan* *limmende durch den palas;* *da markes kemenate was,* *da brach er zuo den türen in.* *daz sin bette solte sin,* *daz zerwarf er hin unde her.* *mit sinem schume solget er* *daz bette und al die bettewat,* *diu küneges bette bestat.* *diz sahen alle Markes man* *und nam sichz doch ir keiner an. (13512ff.)*	Der schlafende Truchseß sah im Traum einen Eber aus dem Wald hervorbrechen, in seiner grimmigen Wildheit Schrecken verbreitend. Schäumend und die Hauer wetzend, kam er in den Hof des Königs und griff alles an, das ihm im Weg stand. ... Eine große Schar von Rittern lief um den Eber hin und her, doch fand sich niemand darunter, der sich ihm entgegenzustellen getraute. So ließ er sie alle hinter sich zurück und rannte grunzend durch den Palast. In Markes Schlafgemach brach er durch die Türen ein. Das für den König hergerichtete Bett wühlte er durcheinander. Mit seinem Schaum besudelte er das Bett und alles Bettzeug, das zum königlichen Lager gehörte. Dies sahen alle Leute Markes, und doch unternahm niemand etwas dagegen.

Unmittelbar nach seinem Erwachen möchte der Truchseß diesen beunruhigenden Traum sogleich seinem Gefährten Tristan erzählen. Als er jedoch dessen Abwesenheit bemerkt, schöpft er Verdacht und findet draußen auch alsbald Tristans Spuren im Schnee, die zu den Gemächern der Königin führen. Tristans Geheimnis hat nun einen Mitwisser. Hier ist der Ausgangspunkt für all die Verdächtigungen, Listen und Gegenlisten, die schließlich zur Trennung der Liebenden führen.

Der Ebertraum Marjodocs hat eine Reihe von namhaften Literaturwissenschaftlern zu der These veranlaßt, daß hier ein negatives Licht auf die illegitime Liebesbeziehung des Helden falle. Der das königliche Lager verwüstende Eber sei eine Figur, die auffallende Ähnlichkeit zum Weinberg zerstörenden Eber des 79. Psalms aufweise. In neuerer Zeit hat vor allem Ute Schwab die Ansicht vertreten, daß das in Tristans Eberwappen zum Ausdruck gebrachte Lob auf seine Kühnheit im Kampf in diesem Traumbild eine deutliche Einschränkung erfahre. Hier werde klar, daß »Tristan der Eber kein Held der alten Sorte sei, sondern ein Pseudo-Held«. Seine Kühnheit sei im Grunde die Verwegenheit eines Ehebrechers und daher letztlich ebenso zerstörerisch wie der Angriff des *aper de silva* auf den Weinberg des Herrn[43].

In der Tat läßt sich kaum bestreiten, daß der Eber des Traumbilds sein Vorbild im Weinbergzerstörer des 79. Psalms hat. Schon der Hinweis, daß der Eber *uz dem walde lief, vreislich unde vreissam,* klingt fast wie ein Zitat aus dem Psalmvers *(aper de silva... et singularis ferus).*

Es gibt jedoch gewichtige Gründe, die daran zweifeln lassen, ob Gottfried seinen Helden so beurteilt sehen wollte, wie er in der Perspektive des Traumes von Marjodoc erscheint. Die in dem Traum ausgedrückte negative Sicht der Liebe Tristans steht im Widerspruch zu vielen wichtigen Stellen des Romans, in denen der Autor unmißverständlich zu erkennen gibt, daß er in der Beziehung zwischen Tristan und Isolde etwas durchaus Positives sieht. Schon im Prolog seines Werkes versichert er seinen Lesern, daß der, der nach einer guten Liebesgeschichte suche, bei ihm an der richtigen Adresse sei. Er werde ihm nämlich von edlen Liebenden erzählen, die ein Beispiel vollkommener Liebe gegeben hätten. Immer wieder nimmt Gottfried sich zwischen den einzelnen Episoden die Zeit, diese eigene Sicht des Geschehens zu verdeutlichen. So bezeichnet er z. B. nach den Ereignissen, die zur Entstehung der Liebe zwischen Tristan und Isolde führten, die Beziehung ausdrücklich als *reine unde guot* (13009) und beklagt gleichzeitig, wie wenig doch in seiner eigenen Zeit dieses gute Beispiel Schule gemacht habe. Nirgendwo finde man jetzt noch eine derartige Beständigkeit und Treue, ja, die Liebe sei geradezu zu einer Marktware heruntergekommen, die man überall ohne ernsthafte, persönliche Anstrengung haben könne (12300ff.).

Die Frage drängt sich auf, warum Gottfried dann überhaupt diesen Ebertraum erzählt, wo doch damit auf die so gepriesene Tristanliebe ein schiefes Licht fallen konnte. Die Antwort ist nicht allzu schwer: Der Dichter fand ihn in seiner altfranzösischen Vorlage, dem »Tristan« des Thomas von Britanien, den er als allein zuverlässige Quelle betrachtete. Wenn er, wie im Vorwort versprochen, dieser Quelle treulich folgen wollte, dann war es kaum möglich, den Traum einfach auszulassen, nur weil darin Tristans Verhalten negativ gesehen wird. Er übernimmt aber die Darstellung des Thomas nicht einfach kritiklos, sondern fügt etwas Neues hinzu, was die Deutung des Traums entscheidend verändern mußte. Anders als seine Vorlage macht Gottfried sich Gedanken über die Gefühle des Träumenden. Er möchte erklären, wieso es beim Truchseß Marjodoc zu dem Traum kam und weshalb er bei der anschließenden Entdeckung des Liebesverhältnisses so tief verletzt ist. Nach Gottfried hat der Truchseß selbst ein Auge auf die Königin geworfen. Es ist daher nicht etwa die Sorge um das Ansehen seines Herrn, des Königs Marke, sondern der blanke Neid, der ihn quält. Ausdrücklich bezeichnet der Dichter ihn als *der nîdege* (13637). Durch dieses neue Element erhält der Traum ein völlig anderes Gewicht. Es dürfte dann die Interpretation des englischen Literaturwissenschaftlers A. T. Hatto nicht fehlgehen, der hier die überhitzte Phantasie eines erfolglosen Liebhabers am Werk sieht[44]. Daß Gottfrieds Darstellung dabei mit den symbolgeladenen Begriffen des 79. Psalms arbeitet, kann keineswegs als Beleg dafür gelten, daß der geistlich gebildete Autor seine eigene Meinung zu erkennen gibt[45]. Auch an anderen Stellen des Romans geht Gottfried mit traditionellen Glaubensvorstellungen in einer Weise um, die einen dogmatisch denkenden Leser geradezu schockieren mußte[46]. Es ist daher festzuhalten, daß der Ebertraum des Marjodoc zwar eine sehr interessante Episode des Romans darstellt, daß jedoch die durch den Eberschild veranschaulichten Qualitäten des Helden nicht relativiert werden.

Die Auslegung des Ebersymbols bei Tristan kann im übrigen in einer ganz anderen Richtung noch erweitert werden. Manfred Zips weist in seinem Aufsatz zu Tristans Ebertraum darauf hin, daß in einer französischen Prosafassung des Tristanstoffs aus dem 13. Jahrhundert Isolde gegen Ende des Geschehens einen Traum hat, bei dem sie das Haupt eines großen Ebers im Schoß hält, das sie über und über mit Blut befleckt. Sie ruft dann aus: »O Gott, ich befürchte sehr, daß Tristan tot ist«, eine Befürchtung, die sich wenig später tatsächlich als wahr erweist[47]. Auch das Leben des im ersten Kapitel dieser Untersuchung genannten irischen Liebeshelden Diarmaid, der in manchen Zügen Tristan gleicht, steht in einer sehr engen Beziehung zu einem Eber[48]. In magischer Weise ist sein eigenes Leben an das Leben des Ebers vom Beann Gulbainn geknüpft. Das Ende des Ebers bedeutet auch seinen Tod.

Es dürfte beim Ebersymbol Tristans außerdem ein weiterer Aspekt von Bedeutung sein, der bisher noch nicht zur Deutung herangezogen wurde. Von den zahlreichen Helden, die in mittelalterlichen Literaturwerken mit einem Eberwappen ausgestattet sind, bleibt am Ende keiner siegreich. So, wie der zornige, zum letzten Entscheidungskampf entschlossene Wildeber schließlich in den Spieß des Jägers rennt, so geht es im Grunde auch all den Helden, die sich mit einem Eberwappen schmücken. Und ist es nicht letztlich Tristans unbeirrbares Festhalten am eingeschlagenen Weg, das ihn schließlich in den Tod treibt wie die zu allem entschlossene Kampfbereitschaft eines Wildebers? Seine tödliche Wunde erhält er, als er einem anderen Tristan, der ebenso wie er in unglückliche Liebe verstrickt ist, beistehen will. Er erhält sie bezeichnenderweise durch einen Speer, nicht durch einen Pfeil oder einen Schwerthieb. Wenn Gottfried auch diesen Teil der Tristan-Geschichte nicht mehr für seinen unvollendet gebliebenen Roman verwenden konnte, so scheint es doch vor diesem Hintergrund, daß die Wahl des Wildebers für Tristans Wappen, die er im Unterschied zu seinen Quellen vornimmt, mit Bedacht geschah.

Eine derart feinsinnige Betrachtung des Ebersymbols, wie sie in den Literaturwerken begegnet, war den Haudegen der realen Welt, die sich eines Eberwappens rühmten, gewiß fremd. Ganz gewiß war jene ominöse Nebenbedeutung des Eberzeichens auch seinem größten Liebhaber, Richard III. von England, dem König des weißen Ebers, nicht bewußt. Aus dem Jahr 1483 sind z.B. Rechnungen überliefert, die nicht weniger als 13000 dieser weißen Eberzeichen für die Ausstattung der Garderobe seines Hofstaats belegen. Es sollte ihm nichts nützen. Zwei Jahre später erleidet er eine schimpfliche Niederlage. Der weiße Eber verschwindet. Gastwirte, die sich das Zeichen Richards als Wirtshausschild zugelegt hatten, beeilten sich, ihre frühere Anhänglichkeit zum Verlierer schnellstens unkenntlich zu machen. Der weiße Eber wird blau übermalt; denn blau war der Eber eines der wichtigsten Verbündeten Heinrichs VII., des neuen Herrschers: des Grafen De Vere von Oxford[49].

ANMERKUNGEN

1 Text in der Sammlung »Indische Märchen«, Diederichs/Düsseldorf–Köln 1962, S. 86.
2 Mit diesen Fragen hat sich J. G. FRAZER in seiner religionsgeschichtlichen Studie »The Golden Bough«, London 1922, beschäftigt; vgl. insbesondere seine Ausführungen zum Adonis- und Osiriskult.
3 Vgl. SPECKENBACH, Der Eber in der deutschen Literatur des Mittelalters (wie Anm. I,41), S. 428 ff.
4 Vgl. Kap. I, Anm. 53; BECK, Das Ebersignum im Germanischen (wie Anm. I,55), S. 125 f., 183 ff.
5 Opus imperfectum in Matthaeum, PG 56, Sp. 626 f.
6 HIERONYMUS, Commentarii in Danielem, CC 75 A, S. 843.
7 Beispiele bei SPECKENBACH, Der Eber in der deutschen Literatur des Mittelalters (wie Anm. I,41), S. 430, Anm. 9.
8 Das Annolied, nach der Ausgabe von W. BULST, Heidelberg 1961[2].
9 Die Kaiserchronik, nach der Ausgabe von E. SCHRÖDER, in: MGH, Deutsche Chroniken, Bd. I,1, Hannover 1895.
10 Vgl. F. OHLY, Sage und Legende in der Kaiserchronik, Darmstadt 1968[2], S. 42 ff.; Ch. GELLINEK, Daniel's Vision of Four Beasts, in: Germanic Review 41 (1966), S. 5–26. E. MARSCH, Biblische Prophetie und chronographische Dichtung, Berlin 1972, S. 37 ff.
11 Vgl. GOTTFRIED VON MONMOUTH, Historia Regum Britanniae, hrsg. von A. Griscom, London/New York 1929, S. 385 u. 399 (engl. Übers. von S. Evans [History of the Kings of Britain, revised edition 1963]).
12 Nach der Ausgabe »Biblia Sacra iuxta Vulgatam versionem«, 2 Bde., Stuttgart 1969.
13 Die umfangreichste Studie dieser Art ist P. FEUERHERDS »Geoffrey of Monmouth und das Alte Testament«, Halle 1915.
14 Vgl. Gwyn WILLIAMS, An Introduction to Welsh Poetry, London 1954, S. 63 f. Nach den Angaben von Williams ist die aus dem Jahre 1915 stammende Ausgabe der entsprechenden Gedichte (»The Prophecy of Prydein« und »The Great Hosting«) an manchen Stellen fehlerhaft. (Poems from the Book of Taliesin, ed. by J. G. Evans, Llanbedrog 1915).
15 Rupert TAYLOR, The Political Prophecy in England, New York 1911, S. 45 f.
16 Vgl. die entsprechenden Ausführungen im ersten Kapitel.
17 G. v. MONMOUTH, Historia Regum Britanniae (wie Anm. 11), S. 389 *(aper comercii)* u. S. 394 *(totonesius aper)*.
18 Ebd., S. 219.
19 Vgl. M. D. LEGGE, Master Geoffrey Arthur, in: K. Varty (Hrsg.), An Arthurian Tapestry, Glasgow 1981, S. 22–27.
20 OVID, Metamorphosen, Buch VIII, V. 290 ff.
21 Vgl. VINZENZ v. BEAUVAIS, Speculum Naturale (wie Anm. I,31), Sp. 1328 Df.; ALBERTUS, De animalibus libri (wie Anm. I,5), S. 1359,20.
22 Vgl. ANONYMUS DOMINICANUS, in: Spicilegium solesmense, 3. Bd., S. 48,3, 4 ff.
23 J. HAMMER, An Unedited Commentary on the Prophetia Merlini, in: Charisteria Thaddaeo Sinko. Warschau 1951, S. 85.
24 Biblia Vulgata, Daniel 7,7.19.23. Der Begriff *conculare* ist in der lateinischen Bibel 63mal belegt.

25 Historia Regum Britanniae, Buch XI, Kap. 2.
26 Vgl. Layamon's Brut, ed. G. L. Brook, (engl. Übers. von E. Mason, in: Arthurian Chronicles, Everyman's Library 1962, S. 263).
27 Zur Bedeutung der Zahl 666 H. Meyer, Die Zahlenallegorese im Mittelalter, München 1975.
28 Vgl. Hammer, An Unedited Commentary on the Prophetia Merlini (wie Anm. 23), S. 87.
29 Vgl. Ysengrimus, VII, 137 ff., hrsg. von E. Voigt, Halle 1884, S. 373.
30 Ebd., VII. 253 ff. (S. 381).
31 Vgl. W. Schouwink, The Salaura and Her Relatives in Medieval Literature and Art, in: Épopée Animale Fable Fabliau, ed. G. Bianciotto/M. Salvat, Paris 1984, S. 518 f.
32 Vgl. J. R. Lumby (Hrsg.), Bernadus de cura rei famuliaris, with Some Early Scottish Prophecies, London 1870, S. 23.
33 Bei Th. Wright, Political Poems and Songs Related to English History, Vol. I, London 1859, S. 26.
34 Annolied, um die Wende zum 12. Jh.; Historia Regum Britanniae, vor 1139; Kaiserchronik, um 1150.
35 G. Scheibelreiter, Tiernamen und Wappenwesen, Köln/Graz 1976, S. 124 f.
36 Petri Ansolini de Ebulo de rebus Siculis carmen, Rerum Italicarum Scriptores 31/1, 1904 (Abbildungen auf Tafel 36, 38 und 39).
37 Thomasin von Zirclaria, Der wälsche Gast, hrsg. von H. Rückert, Berlin 1965², V. 10457 ff.
38 O. Höfler, Zur Herkunft der Heraldik, in: FS für H. Sedlmayr, München 1962, S. 138 ff.
39 Text des Rolandliedes nach der Ausgabe von C. Wesle, Halle 1955; vgl. auch Kap. I, Anm. 11.
40 Text nach der Ausgabe von K. Bartsch, Berlin 1970².
41 Biterolf V. 9845, in: Deutsches Heldenbuch I, hrsg. von O. Jänicke, Berlin/Zürich 1963².
42 Tristantext nach der Ausgabe von Fr. Ranke, Berlin 1958.
43 Schwab, eber, aper und porcus (wie Anm. I,41), S. 40 f., S. 123 ff.
44 A. T. Hatto, Venus, Adonis, and the Boar, in: Modern Language Review 41 (1946) S. 357.
45 So bei Schwab, eber, aper und porcus (wie Anm. I,41), S. 126.
46 Insbesondere in der Szene, wo Gottfried das durch eine List positiv ausgegangene Gottesurteil über die eheliche Treue Isoldes damit kommentiert, daß die Kraft Christi unter Umständen ebensowenig festgelegt sei wie ein vom Wind geblasener Gewandärmel. Wenn man es nur richtig anstelle, dann sei er zur Stelle, gleich ob es dabei um ehrliche oder betrügerische Handlungen gehe (Tristan, V. 15707 ff.).
47 M. Zips, Tristan und die Ebersymbolik (wie Anm. I,45), S. 138 f.
48 Vgl. S. 23 ff.
49 Nach Sillar/Meyler, The Symbolic Pig (wie Anm. I,29), S. 137.

III. Kapitel

Formen der Darstellung von Schwein und Eber in der weltlichen Literatur des Mittelalters

In den ersten beiden Kapiteln wurde sichtbar, daß die Deutung mittelalterlicher Bilder von Schwein und Eber mit sehr unterschiedlichen Faktoren rechnen muß. Jüdisch-christliche Abwertung und aus heidnischer Tradition stammende Hochschätzung des Ebers ließen sich keineswegs nahtlos miteinander verbinden. Aufgabe der folgenden Kapitel ist es nun, die in den frühen Zeugnissen belegten, widersprüchlichen Wertungen durch das hohe und späte Mittelalter weiterzuverfolgen. Es ist hierbei zu unterscheiden zwischen Beispielen aus dem Bereich der weltlichen Literatur und solchen aus der kirchlichen Sphäre. In letzterer ist vor allem die ikonographische Entwicklung von Interesse. Während hier die Darstellung von Schwein und Eber ein Eigenleben zu entfalten scheint, läßt sich das vom weltlichen Bereich nicht behaupten. Sieht man von den Wappenebern ab, so hat man es hier in der Regel lediglich mit streng textbezogenen Illustrationen zu tun, insbesondere natürlich mit Bildern von Eberjagden. Da derartige Darstellungen aber ohne Verweischarakter sind, brauchen sie nicht eigens thematisiert zu werden.

Mit den Darstellungsformen von Schwein und Eber in der weltlichen Literatur des Mittelalters hat sich bereits eine Reihe von Studien beschäftigt, so daß ich mich auf einige besonders typische Beispiele und verschiedene Spezialfälle beschränke und im übrigen auf die einschlägige Literatur verweise.

Es gibt grundsätzlich zwei Arten von Darstellungsformen, und zwar solche, in denen das Tier selbst die Hauptrolle spielt, und jene, die sich seiner als Metapher oder Vergleich bedienen. Zur ersten Gruppe gehören Jagddarstellungen aller Art, aber auch der Bereich der Fabel und des Tierepos. In der zweiten Gruppe begegnen alle Literaturwerke, in denen Schwein und Eber zur Veranschaulichung menschlicher Charaktereigenschaften herhalten müssen. Wer nur daran denkt, welcher Beliebtheit sich Vergleiche mit dem Borstenvieh und den Schwarzkitteln heute noch erfreuen, wird nicht erstaunt sein, daß sich in dieser Gruppe fast alles findet, was in der mittelalterlichen Literatur Rang und Namen hat. Daß höfische Dichter wie etwa Hartmann von Aue sich für einen derartigen Vergleich zu fein dünkten, war eher die Ausnahme als die Regel.

1. Eberjagden

Wohl zu allen Zeiten gehörten Schwarzwildjagden zu den Höhepunkten des edlen Waidwerks. Auch heute im Zeitalter treffsicherer Jagdwaffen ist die Konfrontation mit einem ausgewachsenen Keiler ein respektables, nicht ungefährliches Unternehmen. Wer in den letzten Jahren des Zweiten Weltkriegs und in den ersten Nachkriegsjahren als Forstbeamter und Jäger das mangels geordneter Bejagung überhandnehmende Schwarzwild in Schranken zu halten hatte, könnte gewiß diese Behauptung durch zahlreiche persönliche Erlebnisse stützen. Ein mir bekannter Oberförster, von dem es heißt, er sei der erfolgreichste Schwarzwildjäger der Region gewesen, schweigt jedoch dazu und lehnt es ab, die, wie er sich ausdrückt, Verbreitung von »Jägerlatein« zu fördern. Eine solche Zurückhaltung war den mittelalterlichen Erzählern von Jagdgeschichten offensichtlich fremd. Nachdem der gelehrte Sankt Galler Mönch Notker der Deutsche seinen Schülern, offenbar in Anspielung auf Ovids kalydonischen Eber, einen Keiler mit fudergroßen Läufen, baumhohen Borsten und 12 Ellen langen Hauern zugemutet hatte[1], sollte noch so mancher Rieseneber die Vorstellungskraft des literarischen Publikums beflügeln.

So schildern zum Beispiel mehrere mittelenglische Verserzählungen Eberjagden, in denen das gejagte Tier wie ein überirdisches Monsterwesen erscheint. Zu den ritterlichen Abenteuern des Sir Eglamour von Artois gehört unter anderem der Kampf mit einem gewaltigen Eber, dessen Hauer länger als ein Fuß sind (*Hys toschys passen a fote lange,* V. 355). Von seiner Zerstörungskraft künden die überall im Wald herumliegenden Leichen (*Tydyngys of hym sone he fonde./ Slayne men on every honde,/ That grymly was to see!* V. 367ff.). Sir Eglamour stellt seinen Widersacher und greift ihn zu Pferd an. Sein Speer zerbricht jedoch an dem Untier, das sich alsbald auf sein Pferd stürzt und dessen Eingeweide zerreißt. Des Reittiers beraubt, muß sich der Held drei Tage lang zu Fuß gegen den Eber verteidigen , bis er ihm schließlich am vierten Tag mit einem geschickten Schwerthieb die Hauer zerschlagen und den Todesstoß versetzen kann[2].

Von noch gewaltigeren Ausmaßen ist der Eber, mit dem König Arthur im Ingulwald zu kämpfen hat. Kein Stier ist so breit, kein Pferd reicht so hoch wie dieses Wildschwein. Seine Lagerstatt ist voll von Hunde- und Menschenleichen, die er dorthin geschleift und denen er alle Knochen zerbrochen hat (XII,7f.). Gegen einen solchen Gegner vermögen die normalen Jagdwaffen nichts auszurichten. Arthurs Lanze zerbricht, sein Pferd wird von den Hauern zerrissen. Erst nachdem er Christus und die heilige Margarete in ihrer Eigenschaft als Drachenbesiegerin um Hilfe angefleht hat, gelingt es ihm, das

Ungeheuer zu erlegen[3]. Als Zeichen seines Triumphes spießt er das Eberhaupt auf einer Stange auf, ähnlich wie William Goldings »Herr der Fliegen«.

Auch der Held der anglo-normannischen Boeve-Saga, in der sich manche motivische Parallelen zur Ermordung Siegfrieds im Nibelungenlied finden, muß mit einem mächtigen Eber kämpfen, und zwar bereits im Alter von 15 Jahren. Sein Gegner verfügt über fünf Stoßzähne von jeweils fünf Zoll Länge. Wie nicht anders zu erwarten, zersplittert der Speer des jungen Recken am harten Schulterschild des Keilers, und er muß eine lange Zeit, nur mit dem Schwert bewaffnet, weiterkämpfen. Erst nach Anrufung Gottes und der Jungfrau Maria gelingt es ihm, seinem Widersacher die Klinge in den Rachen zu stoßen und dessen Herz geradewegs in zwei Teile zu spalten. Die Lagerstatt des besiegten Untiers ist, wie könnte es anders sein, bedeckt mit den Gebeinen früherer Opfer[3].

In der altfranzösischen Verserzählung »Garin le Loherain« erscheint ebenfalls ein Eber, dessen Proportionen gewöhnliches Maß weit übersteigen. Der Abstand zwischen seinen Zehen beträgt einen Fuß und einen halben Finger, und mit den so ausgestatteten Läufen kann er 15 Meilen rennen, ohne verschnaufen zu müssen. Der eigentliche Eberkampf unterscheidet sich jedoch von den bisher genannten hyperbolischen Schilderungen vor allem durch eine gewisse Theatralik. Herzog Begues, der Jäger des Keilers, redet seinen Gegner an, als ob er es mit einem Menschen zu tun hätte:

Hé, fis de truie, com tu m'as hui pené! *Et de mes hommes m'as tu bien desevré!* ... *Li dus l'escrie, li pors l'a escouté,* *les iex roelle, si a froncié du nés.*[4]	He, Sohn einer Sau, wie du mich gepeinigt und meiner Männer beraubt hast! ... Der Herzog schrie den Keiler an, und der hörte ihn an mit rollenden Augen und gerunzelter Nase.

Nach langem, erbittertem Kampf gelingt es dem Herzog, seinen Spieß mit solcher Wucht auf seinen Gegner zu schleudern, daß die Waffe dessen Herz durchbohrt und durch die dicke Schwarte des Schulterschildes wieder nach außen dringt. Der Eber wankt und stürzt leblos zu Boden. Dem Herzog bleibt jedoch keine Zeit mehr, sich seines Triumphes zu freuen. In der wilden Entschlossenheit, den Eber zu stellen, ist er in das Territorium seines Feindes Fromont geraten. Als er mit einem Hornsignal den weit hinter ihm zurückgebliebenen Gefährten den Tod des Wildschweins verkünden will, erscheint der Jagdverwalter Fromonts auf dem Plan, um ihn unverzüglich festzunehmen. Bei dem sich daraufhin entspinnenden Kampf mit den Leuten des Jagdverwalters trifft ihn ein Pfeil mitten durchs Herz, geradeso wie sein eigenes Geschoß das Herz des Ebers traf. Im dramatischen Kampf zwischen dem kühnen Ritter und dem mächtigen Keiler kommen so am Ende beide zu Tode.

Ähnlich hyperbolischen Schilderungen von Eberjagden begegnet man in den Ländern des europäischen Festlands auch noch in späterer Zeit. Anders als in England, wo die Schwarzkittel im 18. Jahrhundert den Holzfällern und Jägern schließlich das Feld räumen mußten, fehlte es begabten Erzählern hier niemals am Anschauungsobjekt. Und als im 18. Jahrhundert die Dichter ein neues Verhältnis zur Natur entwickelten, sollte auch das Wildschwein sein lyrisches Denkmal bekommen, nämlich in einem Gedicht von Barthold Heinrich Brockes:

Seh ich hier die wilden Käuler, durch verworrene Hecken dringen;
Seh ich sie in schneller Fahrt so ergrimmt als flüchtig springen;
...
Kann man sich auch ohn Gefahr zu den wilden Hauern wagen,
Die hier recht lebendig scheinen, und so scharfe Waffen tragen?
...
Aber, welch ein stark Geräusch! o! zurück! ein schrecklich Schwein
Liegt erhitzt, dort in der Sühle, seinen dürren Brand zu kühlen,
Unterm Busch, im feuchten Schilf. Hört es schnaufen! seht es wühlen.
Schaut, wie stroblich seine Borsten, wie so lang die Waffen seyn!
Wie des schlammigen Morasts kaltes Bad es innig rühre;
Deucht mich, daß ich in den wilden halb geschlossnen Augen spüre.
Ein paar Striche zeigen von dem ungeheuren Tiere,
Selbst die innre Leidenschaft...[5].

Neben diesen eher zum Bereich des literarischen Jägerlateins zu rechnenden Jagdschilderungen gibt es im Mittelalter durchaus ernsthafte Darstellungen der einzelnen Phasen einer Schwarzwildjagd und der dabei zu beherzigenden Vorsichtsmaßnahmen, der geeigneten Waffen und der richtigen Angriffstechnik zu Pferde und zu Fuß. Das berühmteste dieser mittelalterlichen Fachbücher zur Jagd entstand im Frankreich des 14. Jahrhunderts und trägt den Titel »La Chasse de Gaston Phoebus, Comte de Foix«. Als Quelle benutzte der Graf Gaston dabei ein ebenfalls im 14. Jahrhundert entstandenes Jagdbuch mit dem Titel »Les Livres du roy Modus et de la royne Ratio«[6]. Damit werden dem Leser ein König namens Modus (= Methode) und eine Königin mit Namen Ratio (= vernunftmäßige Überlegung) angekündigt.

Diese beiden allegorischen Gestalten präsentieren die Vorgänge der Jagd aus ihrer jeweils eigenen Perspektive in Form eines Dialogs. König Modus hat dabei die Aufgabe, die richtigen Techniken zu erläutern, während seine Gemahlin sich darauf konzentriert, den allegorischen Sinn der gejagten Tierarten zu erklären. Die »Bücher von König Modus und Königin Ratio« folgen damit genau den Methoden der frühmittelalterlichen Schriftauslegung. Wie in den Texten der Heiligen Schrift nach verborgenen Verweisen auf heilsgeschichtlich Bedeutsames gesucht wurde, so unterzieht man nun auch die Erscheinungsform der Jagdtiere einer derartigen Auslegung. Besonders ergiebig schien dabei offensichtlich die Gestalt des Wildebers zu sein. Königin

Ratio begnügt sich nicht damit, ihn einfach als ein Bild des Sünders zu klassifizieren. Sie veranschaulicht vielmehr ihr Argument an Hand von nicht weniger als zehn spezifischen Eigenschaften des Ebers.

1. In seiner Schwärze und Borstigkeit gleicht der Wildeber den vielen Menschen, deren geistliches Licht untergegangen ist.
2. In seiner üblen jähzornigen Wesensart erinnert er an die Sünder, denen es an rechter Liebe und Demut mangelt.
3. Anders als der schnellfüßige Hirsch ist der Eber zu stolz, um vor seinen Verfolgern zu fliehen. So ist es auch mit Sündern, die es verschmähen, dem Teufel auszuweichen und sich statt dessen fröhlich mit ihm einlassen.
4. Der Eber ist kampfversessen und wendet sich gegen seine Verfolger so wie Menschen, die im Zorn aufeinander losgehen.
5. Die zwei Stoßzähne, mit denen er bewaffnet ist, sind wie die Dolche, die Sünder mit sich führen, wenn sie zum Wirtshaus gehen.
6. Wenn der Eber läuft, hält er sein Haupt gesenkt. Hierin gleicht er Leuten, die besessen sind von niedrigen und gemeinen Gedanken, anstatt durch reine Gedanken höher zu kommen.
7. Der Eber wühlt in der Erde. So ist es auch bei Menschen, die vom Himmel geringschätzig denken und statt dessen in den sinnlichen Vergnügungen von Wein, gutem Essen und fleischlichen Gelüsten wühlen.
8. Eine weitere Eigenschaft des Ebers ist seine Bereitschaft, sich im Schlamm zu suhlen. Darin gleicht er jenen, die unbekümmert dem Antichrist dienen und sich im Unrat der Welt baden.
9. Der Eber hat gespreizte Zehen. Damit erinnert er an die Eitelkeit jener Menschen, die in Verachtung ihrer von Gott gegebenen Gestalt das Aussehen ihrer Zehen verformen. Solch modesüchtige Leute sind von der gleichen Art wie jene, die ihre Brüste durch Ausstopfen mit Watte vergrößern und Schuhe tragen, die einen halben Fuß über ihre Zehen hinausragen. Es sind ja auch die Füße des Antichrists verformt.
10. Schließlich muß der Eber, nachdem er zeitlebens gewühlt, sich vollgefressen und sich gesuhlt hat, wie jene Menschen, auf die er verweist, tief in der Erde sein Ende finden, zerfressen von Würmern den Antichrist in der Hölle preisend.

Nirgendwo ist der Eber zum Bild so vieler konkreter und aktueller Laster geworden wie in diesem moralisierenden Fachbuch zur mittelalterlichen Jagd. Der unmittelbare Nachfolger des Werkes, das Jagdbuch des Grafen Gaston de Foix, hat all diese moralischen Auslegungen nicht berücksichtigt[7].

2. Wilde Schweine in Vergleichen und Metaphern

Es wäre höchst verwunderlich, wenn ein so respektables Jagdtier wie der Wildeber nur in Jagdgeschichten auftauchte und nicht auch bei anderen Gelegenheiten seine Spuren hinterlassen hätte. In der Tat fehlt es in der mittelalterlichen Literatur nicht an Beispielen, in denen die Qualitäten des Wildebers herangezogen werden, um die besondere Zerstörungskraft eines

Gegners oder auch die Unerschrockenheit und Zähigkeit des Helden zu veranschaulichen. Es läßt sich hierbei unterscheiden zwischen Ebervergleichen, die eine negative Wertung enthalten, und solchen, die eindeutig positiv zu sehen sind.

Der Eber als Sinnbild rasenden Zorns und sinnloser Zerstörungwut – negative Vergleiche

Ausgesprochen negative Ebervergleiche finden sich in der weltlichen Literatur des Mittelalters relativ selten. Zu den wenigen Beispielen gehört eine Darstellung der Reaktion von Papst Alexander III., als er vom Fehlschlag seiner Pläne gegen Friedrich Barbarossa erfährt. Der Text gehört zu einem Geschichtswerk des frühen 14. Jahrhunderts, bekannt unter dem Namen »Ottokars Österreichische Reimchronik«:

darumbe sach man limmen
den bâbest unde grimmen
als ein eberswîn,
daz er den willen sîn.
mohte niht volfüeren. (53369ff.)

Deswegen sah man den Papst in seiner rasenden Wut lärmen wie ein wildes Schwein, weil er seinen Willen nicht durchzusetzen vermochte[8].

Einige Jahre vor Ottokar hatte Hugo von Trimberg in seinem ritterlichen Lehrgedicht »Der Renner« (1290–1300) ebenfalls das Bild rasender Wildschweine heraufbeschworen. Seine Absicht war es, die Sinnlosigkeit eines zum Selbstzweck gewordenen Kampfes zu veranschaulichen:

Ein tôr dô ûf den andern dranc
Und begonden sich houwen als diu swîn:
Diz mahte diu nahtminne und der wîn.
(11512ff.)

Die unverständigen Narren gingen da aufeinander los und schlugen sich wie die Wildschweine. Zu solchem Tun verleiteten sie der Wein und der Gedanke an nächtliche Liebesabenteuer.

Der Autor dieses Textes scheint die traditionellen Formen ritterlicher Bewährung bereits recht skeptisch zu betrachten, denn auch vor den Gefahren der Jagd wird bei ihm gewarnt:

Der mac wol niht gar sinnic sîn,
Der sîn leben an ein swîn
Wâget, an lewen oder an bern:
Der tuot des er wol möhte enpern:
Wer sagt der kuonheit im danc?
(11608ff.[10]*)*

Der dürfte wohl nicht recht bei Verstand sein, der sein Leben daran setzt, Wildschwein, Löwen oder Bären zu erlegen. Er tut etwas, auf das er sehr wohl verzichten könnte. Wen gäbe es, der eine derartige Kühnheit belohnen würde[9]?

Die bisherigen Beispiele entstammen dem Spätmittelalter und schildern Verhaltensweisen als negativ, die in einer früheren Zeit durchaus akzeptabel gewesen wären. Das Interesse an heroischen Qualitäten wie Kampfentschlossenheit scheint jedoch in jener Zeit im Schwinden zu sein. Ebervergleiche, die vorher der Auszeichnung der Kämpfenden dienten, werden ins Negative gekehrt und veranschaulichen nun die Übertreibung heldischen Gebarens.

Auch vor dieser Zeit jedoch begegnen in der Literatur gelegentlich entsprechende Vergleiche, die für den Betroffenen alles andere als ehrenvoll sind. Sie finden sich allerdings in einem Kontext, in dem die Qualitäten des wilden Schweins wohl kaum gefragt sein dürften, nämlich auf dem Gebiet der Liebe. In einem Minnelied des 12. Jahrhunderts, das dem Kürenberger zugeschrieben wird, muß sich ein allzu schüchterner Liebhaber vor der Dame seines Herzens verantworten:

Jô stuont ich nehtint spâte vor dînem bette:
do getorste ich dich, frouwe, niwet wecken.

Fürwahr, ich stand spät nachts vor deinem Bette.
Doch getraute ich mich nicht, Herrin, dich zu wecken.

Die so angeredete Dame ist nicht auf den Mund gefallen:

Des gehazze iemer got den dînen lîp!
Jô enwas ich niht ein eber wilde, sô sprach daz… wîp[10].

Dafür möge Gott dich immer hassen!
Ich war doch fürwahr kein wilder Eber. So antwortete die… Frau.

Die Anspielung der Dame auf das Borstentier ist unmißverständlich. Der Gescholtene muß sich sagen lassen, daß er die Situation falsch eingeschätzt habe. Ihm wird unterstellt, er habe sich von Gedanken an gefährliche Kampfsituationen so sehr überwältigen lassen, daß er zu der erwarteten liebevollen Annäherung unfähig gewesen sei.

In Albrecht von Halberstadts Übersetzung der Metamorphosen Ovids aus dem frühen 13. Jahrhundert ist es die Dame selbst, die mit einem Wildschwein verglichen wird. Es handelt sich um die Seenymphe Galathea, die sich dem Werben des einäugigen Riesen Polyphem höchst ungnädig widersetzt und sich deswegen schließlich Folgendes anhören muß:

ach nim mich zeinem manne!	Ach nimm mich zum Manne!
dâ wider ist daz herze dîn	Doch dagegen richtet sich dein Herz
grimmer danne ein eberswîn,	mit wilderem Grimm als ein Keiler.
als ein kiselinc herte	Es ist so hart wie ein Kieselstein,
zêher danne ein gerte,	zäher als eine Rute,
trugelîcher dan der sê.	trügerischer als das Meer.
	(Albrecht v. Halberstadt, XXXII, 248 ff.[11]).

Auch in Wolfram von Eschenbachs »Parzival« (1200–10) tauchen im Zusammenhang von Liebesproblemen Wildschweine auf. Es wird das Verhalten des Königs Meljacanz kritisiert, von dem es heißt, daß er von rechter Minne nichts verstehe und Frauen nur mit Gewalt zu nehmen wisse. Was nützten angesichts derartiger Charakterfehler seine mannhafte Art und seine Tapferkeit. Kampfesmut und Verteidigungsbereitschaft zeichneten nämlich auch eine *swînmuoter*, eine Muttersau, aus, wenn sie ihre Ferkel ausführe und dabei angegriffen werde (343,25 ff.)[12]. Sau und Ferkel repräsentieren in diesem Zusammenhang somit ungeschlachte Roheit und völliges Fehlen höfischer Sitte.

In einem allegorischen Gedicht aus dem Frankreich des 14. Jahrhunderts, das sich mit Problemen von Liebenden mit ihrer Umwelt beschäftigt, spielt ein Wildeber die Hauptrolle. Das Gedicht trägt den Titel »La chace aus mesdisans« (Die Jagd auf die Verleumder), und um eine Jagd handelt es sich in der Tat. Das Jagdwild ist ein Eber mit einer recht dunklen Vergangenheit. In seinem früheren Leben war er ein reicher, einflußreicher Mann. Sein Vergehen, das ihm als Strafe die Ebergestalt eingetragen hat, war sein verleumderisches Gerede über zwei edle Liebende. Dadurch waren nämlich die Liebenden getrennt worden und hätten beinahe vor Kummer den Tod gefunden, wenn nicht Venus eingegriffen und den Verleumder in Gegenwart des Hofes in einen Wildeber verwandelt hätte, der alsbald das Weite gesucht habe. Diesen Eber gilt es jetzt zu erlegen. Auffällig ist an der Darstellung die Begründung für die Ebergestalt. Es ist vor allem das respektable Maul des Keilers, das hier den Dichter inspiriert hat. Wie der reale Eber mit seinen mächtigen Hauern und Beißwerkzeugen große Verwüstungen anrichten kann, so kann es auch das Mundwerk eines Verleumders in der erwachenden Liebe zweier Menschen[13]. Es ist dies das einzige mir bekannte Beispiel für eine derartige Deutung des Ebergebisses.

Negative Bedeutung hat das Bild des Ebers auch in einer Reihe von Traumschilderungen, die den Ausgang eines bevorstehenden Kampfes andeuten. Im nur fragmentarisch erhaltenen lateinischen Ruodlieb-Epos (1030–1050) träumt Ruodliebs Mutter von zwei Ebern mit einer großen Herde von Sauen, die unter den Schwerthieben des Helden ihr Ende finden. Sie deutet die Eber als zwei zukünftige Gegner ihres Sohnes. In der Tat geht der Traum wenig später im Sinn der Vorausdeutung in Erfüllung (XVII, 89 ff. und 108 ff.)[14].

Auch im altfranzösischen Rolandslied begegnet ein Ebertraum. Karl der Große träumt, wie er in der Aachener Palastkapelle von einem Eber angegriffen wird, der ihn in den rechten Arm beißt. Sogleich aber springt aus der Halle des Palastes ein Windhund dem bedrängten Kaiser zu Hilfe und beißt dem Eber sein rechtes Ohr ab (V. 725 ff.). Der Ausgang des Tierkampfes bleibt an dieser Stelle ungewiß, ebenso die Identität der mit den Tieren gemeinten

Kämpfer. Aus dem weiteren Verlauf des Geschehens läßt sich jedoch schließen, daß der Eber auf den verräterischen Sarazenenfürsten Marsilie verweist, während sich unter dem Windhund Karls erster und getreuester Gefolgsmann Roland verbirgt. In der berühmten Schlacht von Roncesvalles verliert Marsilie zwar seine rechte Hand, doch Roland und die ihm anvertraute Nachhut werden von der überwältigenden Übermacht des sarazenischen Heeres vernichtet, wobei er selbst den Tod findet. Man darf den Eber im Traum Karls daher in Beziehung setzen zum Weinbergzerstörer des 79. Psalms, denn er repräsentiert nichts weniger als eine von heidnischer Seite kommende tödliche Bedrohung der Christenschar[15].

In ähnlich düsterem Licht wie jener Eber erscheinen auch die zwei Wildschweine in Kriemhilds Traum vor der verhängnisvollen Jagd Siegfrieds im Wasgenwald. Sie bittet daher ihren Mann, von der Jagd abzulassen:

...lât iuwer jagen sîn.
mir troumte hînaht leide, wie iuch zwei wildiu swîn
jageten über heide, da wurden bluomen rôt.
daz ich sô sêre weine, des gêt mir waerlîche nôt (921)[16].

Nicht von einem fernen feindlichen Heer, sondern aus der nächsten Umgebung kommt die tödliche Bedrohung, denn, wie sich bald zeigt, verweisen die mörderischen Wildschweine auf niemanden anders als Gunther und Hagen.

Der Eber als Sinnbild unerschrockener Kampfbereitschaft und zäher Ausdauer – positive Vergleiche

Positive Ebervergleiche finden sich in der weltlichen Literatur des Mittelalters weitaus zahlreicher als negative. Hier konnte sich die aus heidnisch-heroischer Vergangenheit überkommene Auffassung vom Eber als einem Vorbild heldischen Kampfes voll entfalten. Besonders beliebt sind derartige Vergleiche verständlicherweise in der hochmittelalterlichen Heldenepik. Mehrfach vergleicht das Nibelungenlied (Ende 12. Jahrhundert) seine Helden mit Wildebern, z. B. nachdem Dankwart, der Bruder Hagens, als einziger den von Kriemhild angezettelten Überfall Bloedels, des Bruders Etzels, überlebt hat und sich dann zu den Burgundern im Festsaal durchschlägt:

dô gie er vor den vîenden als ein eberswîn
ze walde tuot vor hunden: wie möht' er küener gesîn? (1946,3f.)

Vor den Feinden verhielt er sich so, wie ein Wildeber
im Wald mit den Hunden umgeht: Wie hätte er kühner sein können?

Nach Dankwart ist es dann der Spielmann Volker, der mit einem Eber verglichen wird. Die Nachricht vom Überfall Bloedels versetzt ihn in höchsten Zorn, und nur mit Mühe gelingt es König Etzel, den Ausgang des Saals zu erreichen. Dieser beklagt dann seine schweren Verluste:

Ach wê de hôhgezite, spach der künec hêr.
dâ vihtet einer inne, der heizet Volkêr,
als ein eber wilde, und ist ein spilman.
ich dankes mînem heile, daz ich dem tiufel entran (2001).

Weh diesem Fest, sprach der erhabene König.
Drinnen kämpft einer, Volker mit Namen,
wie ein wilder Eber, und der ist ein Spielmann.
Ich danke es meinem Glück, daß ich diesem Teufel entkam.

In der Dichtung des Strickers über Karl den Großen ist es gar ein Erzbischof, der mit einem Eber verglichen wird. Seinen Einsatz gegen die Heiden rühmt der Dichter mit den Worten:

der erzebischof Turpîn
der vaht sam ein eberswîn.
swaz er ir mohte erlangen,
der leben was ergangen,
unz er sî tôt geleite gar.
(5501ff.[17])

Der Erzbischof Turpin kämpfte wie ein Wildschwein. Welcher Feinde er auch habhaft werden konnte, um deren Leben war's geschehn, wobei er sie dann schließlich tot niederstreckte.

Vergleiche mit dem Wildeber stellten die mittelalterlichen Autoren nicht nur dann an, wenn es um Schilderungen ungestümer Kampfkraft ging. Man sagte dem Eber nämlich auch ein besonders gutes Gehör nach. Vinzenz von Beauvais drückte es in seiner lateinischen Enzyklopädie so aus: *Aper cunctas bestias praecedit auditu*[18]. In seinem Gehörsinn ist der Eber allen anderen Tieren überlegen. Diese Auffassung teilte auch Reinmar von Zweter, ein Spruchdichter des 13. Jahrhunderts, wenn er ein Bild des idealen Kriegers zeichnet, das aus lauter Tierbestandteilen zusammengesetzt ist. Sein gutes Gehör, das ihm jede Gefahr lange voraus ankündigt und ihm verläßlich mitteilt, ob es besser ist, den Kampf zu suchen oder zu fliehen, verdankt er seinen *zwei swînes ôren* (Reinmars Gedichte 9,6 und 100,6)[19].

Die Reihe derartiger Beispiele ließe sich fortsetzen und auf die anderen Sprachgebiete des europäischen Mittelalters ausdehnen. Doch auch Dichter, die das gelehrte Latein der jeweiligen Volkssprache vorziehen, greifen auf das urwüchsige Borstentier zurück, um den Ruhm ihrer Helden zu erhöhen, so im Waltharius, einem Versepos aus dem 10. Jahrhundert, in dem neben dem Titelhelden Walther von Aquitanien auch einige wohlbekannte Gestalten der Nibelungensage eine Rolle spielen. Niemandem jedoch, weder Gunther noch Hagen, gelingt es, den starken Walther zu überwinden. In der Art, wie er wortlos die auf ihn gerichteten Geschosse mit dem Schild abwehrt, gleicht er, wie der Dichter versichert, einem schäumenden Eber, der vor Wut mit den Zähnen knirscht (*Et spumantis apri frendens de more tacebat.* Vers 899)[20].

Auch im Bereich lateinischer Bildung war die besondere Kampfwut des herausgeforderten Wildebers eine gebräuchliche Bildvorstellung, die mitunter sogar in Form eines Sprichworts begegnen konnte. Von besonderem Reiz sind dabei Formulierungen, die das Draufgängertum des Ebers mit der Liebe in Verbindung bringen, wie es in dem folgenden Beispiel geschieht: *Femina, tu leporem facis aprum propter amorem*[21] – Frau, du machst aus einem Hasen einen wilden Eber um der Liebe willen.

Parodistische Ebervergleiche

Wo Bildvorstellungen aufeinander treffen, die nach landläufiger Meinung nicht zueinander passen, entsteht in der Regel Komik, gleich ob ein solcher Effekt beabsichtigt ist oder nicht. Wer als ein rechter Hasenfuß bekannt ist und sich plötzlich unter dem Einfluß einer Frau zu tollkühnen Taten verleiten läßt, wird unweigerlich vor den Augen seiner Umwelt komisch wirken, so wie der verliebte »Hase« des lateinischen Verssprichworts.

Die bewußte Anwendung unpassender Bilder und Vergleiche begegnet insbesondere in den Dichtungen des Neidhard von Reuental, eines Zeitgenossen Walthers von der Vogelweide. Seine Zuhörer verblüffte er durch Lieder, die mit den Ausdrucksformen des höfischen Minnesangs Leben und Treiben des mittelalterlichen Bauerndorfes besangen. Die komisch groteske Wirkung dieser Verbindung von höfischer Verfeinerung mit bäuerlicher Derbheit ermunterte manche Dichter, es Neidhart gleichzutun. Ein Beispiel für das Dichten im Neidhart-Stil liefert ein Gedicht aus dem 13. Jahrhundert, das eine wüste Rauferei junger Bauernburschen mit Ausdrücken beschreibt, die der Welt des Rittertums entlehnt sind. Hierbei spielt auch der traditionelle heldische Ebervergleich eine Rolle, denn die Kämpfer werden folgendermaßen vorgestellt:

daz ist Gumpe und Eppe, Gôze und Engelmâr.
die dünkent sich noch scherpfer dan diu wilden eberswîn.
sî bestüenden wol einen kezzel bônen vol.
sî sint freche helde, da man rüeben sieden sol. (*Die Lieder Neidharts, 34,6ff.*)

Da sind Gumpe und Eppe, Goze und Engelmar.
Die halten sich für noch schärfere Kämpfer als die Wildeber.
Sie würden es jederzeit mit einem vollen Bohnenkessel aufnehmen.
Sie sind tapfere Helden dort, wo es darum geht, Rüben zu kochen.

Mit Zuberstangen, Heugabeln und Leitern geht man alsbald aufeinander los. Von einem der Beteiligten heißt es: *er gienc limmende als ein wildez eberswîn* – Er ging zähneknischend einher wie ein wilder Eber. Der mit landwirtschaftlichem Gerät Bewaffnete schwingt sich dann auf zu einer förmlichen Herausforderungsrede:

Wa ist er nû? daz ich in nür ersaehe!
ich trûwe es mînem swerte, ez schrôte die hirngupfen sîn (34)[22].

Wo ist er jetzt? Daß ich ihn nur sehe!
Ich traue es meinem Schwerte zu, daß es seine Hirnschale zerschmettert.

Das ganze Gedicht lebt, wie Ute Schwab treffend feststellt, »aus dem Gegensatz zwischen bramabarsierender Heldenpose und dem Schwelgen in Banalitäten aus dem Dunstkreis des Misthaufens«. Dabei gehört der Vergleich mit dem Wildschwein keineswegs zum letzteren Bereich. Es handelt sich hier vielmehr um ein zur Zeit Neidharts durchaus noch positiv zu verstehendes Bild eines tapferen, unnachgiebigen Kämpfers, das zum Bohnenkessel und zur Rübensuppe der folgenden Verse in einem grotesken Mißverhältnis steht. Die mit dem Vergleich ausgedrückte Spannung zwischen Anspruch und Realität wird jedoch nur dann erfahrbar, wenn man versucht, den Wildeber mit den Augen des zeitgenössischen Publikums zu sehen. Aus solcher Perspektive muß der Vergleich wie eine Parodie auf eine vormals fraglos akzeptierte Heldenformel erscheinen. Seiner ursprünglichen Funktion als rühmende Formel wirklicher Helden beraubt, scheint der Ebervergleich nun eine neue Qualität zu gewinnen. Einmal in das völlig unheldische Milieu einer dörflichen Rauferei hinabgezogen, wird er mehr und mehr zur Veranschaulichung besonders ungeschlachter Grobheit eingesetzt. Während der Vergleich der prügelnden Bauernburschen mit Wildschweinen für die damaligen Zeitgenossen noch absurd und lächerlich geklungen haben muß, mag er dem heutigen Leser durchaus angemessen erscheinen.

Allerdings haben nicht alle heldischen Tiervergleiche eine derartige Abwertung erfahren. Wenn man heute von jemandem sagt, er sei bärenstark oder habe gekämpft wie ein Löwe, dann meint man die gleichen Qualitäten, die die alten Epen im Sinn hatten, wenn sie ihre Helden mit solchen Tiervergleichen bedachten. Wer aber heute einen Zeitgenossen eine wilde Sau heißt, darf eher mit einer Beleidigungsklage als mit dankbarer Zustimmung rechnen.

3. Schwein und Eber in Fabel und Tierepos

Zum Abschluß des Streifzugs durch mittelalterliche Eberliteratur ist ein kurzer Blick auf Fabel und Tierepos zu werfen. Gerade auf diesem Gebiet findet man oft ein Fortleben antiker Vorstellungen, das auch durch volkssprachliche Übersetzung nicht gebrochen wird. Die negative jüdisch-christliche Deutung von Schwein und Eber hat hier kaum Spuren hinterlassen.

So findet man zum Beispiel in den Sammlungen Gerhards von Minden und Heinrich Steinhöwels eine Fabel, in der ein Eber von einem Esel beleidigt wird, jedoch auf Rache verzichtet, weil er sich seiner Überlegenheit bewußt ist und ein Sieg über den wesentlich Schwächeren ihm daher keine Ehre einbrächte[23]. In einer auf Phaedrus zurückgehenden Fabel, die schon Vinzenz von Beauvais und später Ulrich Boner, Heinrich Steinhöwel und Burchard Waldis überliefert haben, muß ein altersschwacher Löwe es sich gefallen lassen, daß Stier und Eber an ihm ihren Zorn auslassen, um sich für früher erlittenes Unrecht zu rächen. Dies kann der Löwe noch ertragen. Als es aber auch dem Esel gelingt, ihm ungestraft einen Tritt ins Gesicht zu versetzen, resigniert er vollends und stirbt[24]. Von Waldis wird eine Fabel überliefert, in der ein Wolf einer Sau, die soeben geferkelt hat, anbietet, sie bei ihren mütterlichen Pflichten zu entlasten. Die Sau jedoch durchschaut das heuchlerische Hilfsangebot, und der Wolf muß sich mit hungrigem Magen davonmachen[25]. In derselben Sammlung findet sich noch ein weiteres Stück, das zeigt, wie respektvoll man gelegentlich die geistigen Fähigkeiten einer Sau beurteilte. Hier wählt der Löwe in seiner Eigenschaft als König der Tiere als einzigen Berater die verläßliche, alte Sau[26].

Höchst respektabel, wenngleich nicht besonders sympathisch, wirkt auch die Sau Salaura im lateinischen Tierepos Ysengrimus aus dem 12. Jahrhundert. Nähere Einzelheiten wurden bereits im zweiten Kapitel erwähnt, und das folgende soll auch noch Aufschluß über ihre musikalischen Fähigkeiten verschaffen[27]. Weniger gerissen als die große Salaura verhält sich der Eber am Hof des Löwenkönigs Vrevel im mittelhochdeutschen Epos Reinhart Fuchs. Der Arme muß es erdulden, daß zwecks Zubereitung einer vom Fuchs verordneten Löwenmedizin ein Stück Speck aus seinem Rücken geschnitten wird (V. 1936f., 1948ff.)[28].

Insgesamt läßt sich feststellen, daß die Fabeln kein einheitliches Bild von Schwein und Eber bieten, wie sie es zum Beispiel im Fall des Fuchses und des Löwen liefern. Dies dürfte seinen Grund darin haben, daß das Schwein in der Fabelliteratur nicht sehr häufig auftritt und daher wohl auch keinen spezifischen Rollencharakter entwickeln konnte. Die entsprechende Deutung ergibt sich im Unterschied zu fest geprägten Charakteren wie Fuchs und Löwe weniger aus dem Vorverständnis des Tiertyps als vielmehr aus dem jeweiligen Kontext.

ANMERKUNGEN

1 Vgl. Kap. I, Anm. 42.
2 Nach der Textausgabe von J. O. HALLIWELL, The Early English Romances of Perceval, Isumbras, Eglamour and Degrevant, London 1844.
3 Vgl. The avowynge of King Arthur, in: Three Early English Metrical Romances, ed. J. Robson, London 1842, S. 58.
4 Nach der Textausgabe von P. PARIS, Li romans de Garin le Loherain, Paris 1833/35.
5 B. H. BROCKES, Irdisches Vergnügen in Gott, Hamburg 1739, S. 226f. Über wilde Schweine.
6 Textausgabe von G. TILANDER, 2 Bde., Paris 1932.
7 Textausgabe von J. LAVALLÉE, Paris 1854; vgl. M. THIÉBAUX, The Mouth of the Boar as a Symbol in Medieval Literature, in: Romance Philology XXII (1969), S. 281 ff.
8 Ottokars Österreichische Reimchronik, ed. J. Seemüller, MG SS 5,1 u. 2, Hannover 1890/93.
9 Textausgabe vgl. Kap. I, Anm. 20.
10 Nach »Des Minnesangs Frühling«, hrsg. von K. Lachmann, neu bearbeitet von C. V. Kraus, Stuttgart 1961[33], S. 4f., nach C.
11 Textausgabe von K. BARTSCH, Amsterdam 1965[2].
12 Nach der Textausgabe v. K. LACHMANN, unveränd. Nachdr. der 6. Ausg., Berlin 1964.
13 Textausgabe REMON VIDAL, »La chace aus mesdisans«, in: AM VI (1894), S. 465–494; vgl. THIÉBAUX, The Mouth of the Boar (wie Anm. 7), S. 293ff.
16 Nach der Textausgabe von K. BARTSCH, Wiesbaden 1965[19].
17 DER STRICKER, Karl der Große, hrsg. von K. Bartsch, Berlin 1965[2].
18 VINZENZ V. BEAUVAIS, Speculum Naturale (wie Anm. I,31), Sp. 1328E.
19 Nach der Ausgabe von G. ROETHE, Leipzig 1887.
20 Nach der Ausgabe von H. ALTHOF, Waltharii Poesis. Das Waltharilied Ekkehards I. v. St. Gallen, Leipzig 1899.
21 Zitiert in der Sammlung lateinischer Verssprichwörter von H. WALTHER, Lateinische Sprüche und Sentenzen, II. Bd., Göttingen 1964, Nr. 9266.
22 Nach der Ausgabe von E. WIESSNER/H. FISCHER, Tübingen 1968[2].
23 GERHARD V. MINDEN, Die Fabeln, hrsg. von A. Leitzmann, Halle 1898, Nr. 80, S. 110.; STEINHÖWELS Äsop, hrsg. von H. Oesterley, Tübingen 1873, S. 92.
24 VINZENZ VON BEAUVAIS, Speculum doctrinale, Graz 1965[2], Sp. 291 Ef.; Ulrich BONER, Der Edelstein, hrsg. F. Pfeiffer, Leipzig 1844, Nr. XIX, S. 29f.; STEINHÖWEL (wie Anm. 23), S. 99f.; Burchard WALDIS, Esopus, hrsg. von J. Tittmann, Leipzig 1882, Teil I, 1,12, S. 29ff.
25 WALDIS (wie Anm. 23), Teil I, 1,20, S. 44f.
26 Ebd., Teil II, 3,19, S. 17f.
27 Vgl. S. 44f. und S. 119ff.
28 Das mittelhochdeutsche Gedicht von Fuchs Reinhart, hrsg. in 2. Aufl. von I. Schröbler, Halle 1952.

IV. Kapitel

Wildes und zahmes Schwein in kirchlicher Kunst und geistlicher Literatur

1. Die realistische Ebene – Schweine als Haustiere und jagbares Wild

Wer untersuchen will, welche Motive mittelalterliche Buchmaler, Steinmetzen und Holzschnitzer veranlaßten, Schweine darzustellen, dessen Aufgabe scheint, verglichen mit Versuchen, mittelalterliche Fabelwesen wie Drache und Einhorn zu deuten, relativ problemlos. Schließlich erscheint seine Ausgangslage ja sehr viel gesicherter als beim Erforscher der Fabelwesen. Während jener bei der Deutung vornehmlich auf die Phantasieprodukte früherer Seefahrer und Eroberer und deren Ausdeutung durch die Physiologusliteratur angewiesen ist, kann der Betrachter von mittelalterlichen Text- und Bildzeugnissen zum Thema Schwein sich darauf verlassen, daß dem Autor und bildenden Künstler der damaligen Zeit der Gegenstand seines Bemühens ebenso handfest gegenwärtig war wie ihm selbst. In der Tat dürfte es nicht fehlgegriffen sein zu vermuten, daß die Verbindung des Hausschweins mit Schmutz und gemeiner Lebensart und die des Wildebers mit Mut und Angriffslust gerade deswegen bei so vielen Völkern und Kulturen verbreitet ist, weil die tatsächliche Lebensweise jener Tiere solche Assoziationen geradezu herausfordert. Die entsprechenden Kapitel in den mittelalterlichen Bestiarien lassen an Deutlichkeit nichts zu wünschen übrig, in der Tat eine problemlose Forschungslage – wie es scheint.

Bei genauerem Hinsehen kann den nach einer klaren Deutung strebenden Betrachter jedoch gerade jene Ubiquität des Schweins irritieren. So erscheint es z. B. unzählige Male in Darstellungen der Monatsarbeiten. Insbesondere die Kalender liturgischer Textbücher, aber auch die Tierkreisdarstellungen an Kirchenportalen und in Fensterrosen boten hierzu Gelegenheit. November und Dezember, heute die Monate des Totengedenkens und der Weihnachtsstimmung, waren im Mittelalter, zumindest ikonographisch gesehen, Schweinemonate. Das Kalenderbild des Novembers zeigt dabei die Eichelmast, *Abb. 8–10* während das folgende Monatsbild das Schlachten darstellt. Diese Reihenfolge erscheint nicht selten auch um einen Monat vorverlegt, so daß das Schwein sich bereits im Oktober im Eichenwald ergehen darf, dafür aber auch bereits im November den Metzger gewärtigen muß.

Beispiele für diese beiden, dem Schwein gewidmeten Monatsbilder gibt es das ganze Mittelalter hindurch. Die frühesten Zeugnisse finden sich in zwei aus Salzburg stammenden Handschriften des frühen neunten Jahrhunderts [1], und die Tradition reißt nicht ab bis zum 16. Jahrhundert, dem Ende des hier zur Diskussion stehenden Zeitraums. Den Kalenderbildern stehen an Zahl kaum nach die Darstellungen von Wildschweinjagden. Es wäre ein müßiges und im Grunde wissenschaftlich unergiebiges Unterfangen, alle entsprechenden Zeugnisse erläutern, geschweige denn wiedergeben zu wollen. Die abgebildeten Beispiele vom 7. bis zum 16. Jahrhundert sind daher auch nur als zwar kleine, dennoch repräsentative Auswahl zu verstehen. Bei all diesen Bildern steht eine symbolische Deutung des Schweins außer Betracht. Das Schwein ist hier nichts anderes als es selbst, ein Haus- oder Wildtier, das ganz und gar zum alltäglichen Leben gehört. Betrachtet man die Mast- und Schlachtschweine genauer, fällt auf, daß sie eine weit größere Ähnlichkeit mit dem Wildschwein zeigen als die heute gebräuchlichen Hausschweinrassen. Oft sind sie mit starken Borsten und einem ausgeprägten Rückenkamm ausgestattet, und nicht wenige von ihnen weisen respektable Hauer auf. Letzteres kann nicht verwundern, wenn man bedenkt, daß noch vor dreißig Jahren auch in deutschen Landen hauerbewehrte Hausschweine, insbesondere Zuchteber, durchaus keine Seltenheit waren.

Problematisch wird jedoch die Lage für den Interpreten mittelalterlichen Borstenviehs außerhalb des Kalender- oder Jagdkontextes. Jetzt nämlich ergeben sich gleich zwei, oft kaum lösbare Fragen. Zunächst muß er untersuchen, ob der Künstler, der etwa eine Sau mit Ferkeln oder ein Schwein in den Klauen eines Greifen darstellte, lediglich das reale Tier meinte oder dabei auch die in den mittelalterlichen Tierbüchern formulierte symbolische Deutung im Sinn hatte. Entscheidet er sich für die zweite Möglichkeit, hat er zu klären, ob das dargestellte Borstentier ein Wildeber oder ein Hausschwein ist. Der in den Kalenderbildern reflektierte Stand mittelalterlicher Schweinezucht mahnt dabei in vielen Fällen zu größter Zurückhaltung. Dennoch wäre gerade hier eine eindeutige Entscheidung sehr vonnöten, denn Hausschwein und Wildeber bedeuten auf der geistlichen Ebene etwas jeweils völlig anderes.

Nun gibt es für derartige ikonographische Zweifelsfälle in der Regel drei bewährte Methoden, doch zu einem relativ sicheren Ergebnis zu kommen.

1. Die Frage nach dem ikonographischen Kontext. In manchen Fällen bildet die Darstellung eines Schweins den Bestandteil eines größeren Bildprogramms. Die Deutung ergibt sich dann aus der Interpretation des Gesamtkonzepts. Dies ist beispielsweise der Fall bei Darstellungen der sieben Todsünden.

2. Die Frage nach der architektonischen Position. Grundlage ist hierbei die Überlegung, daß die Struktur eines Gebäudes, insbesondere die des Kirchengebäudes, eines Mobiliars oder eines anderen kunsthandwerklichen Gegenstands naturgemäß Positionen unterschiedlichen Rangs und unterschiedlicher Aussagekraft aufweist. Speziell für die kirchliche Architektur hat die 1898 veröffentlichte Arbeit Joseph Sauers über »Die Symbolik des Kirchengebäudes« wichtige Erkenntnisse vermittelt. Demnach ist es durchaus nicht gleichgültig, ob ein Schwein im Tympanon des Hauptportals, im Schlußstein eines Seitenschiffjochs oder als Eckverzierung einer Säulenbasis auftritt[2]. Während sich im ersten Fall eine geistliche Deutung auf den Weinbergzerstörer des 79. Psalms, den teuflischen Gegenspieler Christi, geradezu aufdrängt, ist in den anderen Fällen durchaus nicht auszuschließen, daß dort wie bei einer Drôlerie lediglich das reale Tier ohne jeden Hintersinn gemeint ist.
3. Die Frage nach literarischen Vorlagen. Sie ist nur dann sinnvoll, wenn das abgebildete Tier in einer besonders auffälligen Pose erscheint oder Teil einer szenischen Darstellung ist. Doch selbst wenn die Abbildung Ähnlichkeiten zu bestimmten literarischen Schilderungen aufweist, läßt sich oft nicht entscheiden, ob die Entsprechungen lediglich zufälliger Natur sind oder tatsächlich als Illustration literarischer Vorlagen beabsichtigt waren. Für all diese Fälle werden im folgenden Beispiele geliefert.

2. Sau und Ferkel im Kontext von Bildprogrammen

Ein auf allen vier Seiten mit Reliefschmuck geziertes romanisches Kapitell aus St. Severin zu Köln zeigt auf einer der Seiten eine Sau mit vier Ferkeln und auf *Abb. 11* der rechtwinklig daran anschließenden Seite eine menschliche Figur mit erhobenem rechtem Arm, die bis zur halben Höhe von einem großen Faß oder Becken verdeckt ist, eine gebräuchliche mittelalterliche Darstellung der Taufe[3]. Die Gegenüberstellung von Sau und Täufling bestimmt die Richtung der geistlichen Interpretation. Es ist eine Deutung des Schweins zu suchen, die sich mit der Taufe in Verbindung bringen läßt. Den geeigneten Ansatz bietet hier das zweite Kapitel des zweiten Petrusbriefes. Menschen, die sich zu Christus bekehrt und die Taufe empfangen haben, dann aber wieder von ihm abgefallen sind, werden hier mit einem Hund verglichen, der das eben Erbrochene von neuem verschlingt, und mit einer gewaschenen Sau, die sich sogleich wieder im Schlamm wälzt. Die Bedeutung der Bilder des Kapitells ist unmittelbar einleuchtend: Wer die Taufe empfängt, soll sich eben nicht so verhalten wie die Sau. Reingewaschen von seinen früheren Verfehlungen, soll er die alten Wege in Zukunft meiden und sich nicht von neuem mit allerlei Unrat besudeln, sonst mag es ihm ergehen wie jener Sau des Petrusbriefes, die, wie mittelalterliche Kommentatoren ausführen, jene Menschen repräsentiert, die die einmal geschenkte Gnade verachten und sich dadurch in schlimmere Schuld verstricken als zuvor. Bei solchen durch den Kontext und die entsprechende geistliche Auslegungstradition eröffneten Interpretationsmöglichkeiten dürfte kein Zweifel bestehen, daß die Sau mit Ferkeln aus der St. Severinskirche nicht nur ein vertrautes Haustier darstellt, sondern auf den schlimmen Weg eines seiner Taufe untreu gewordenen Menschen hinweist.

Dem unbefangenen Betrachter mag die letzte Folgerung zu weitgehend erscheinen, ist er doch gewohnt, im Bild einer Sau mit Ferkeln eher an ländliche Idylle und bäuerlichen Wohlstand zu denken. Müßte die Szene mit dem Borstentier nicht zumindest etwas diabolischer gestaltet sein, um den Schluß auf den rückfälligen Sünder zu rechtfertigen? Wie so oft bei der Deutung mittelalterlicher Bildwerke kann es auch in diesem Fall hilfreich sein, einschlägige zeitgenössische Handschriften, zum Beispiel die schon erwähnten Bestiarien, heranzuziehen. Unter dem Stichwort *sus*, dem lateinischen Wort, das sowohl allgemein die Tiergattung *Schwein* als auch speziell die Muttersau bezeichnen kann, findet man dort nach einer kurzen Erklärung der Herkunft des Wortes alle biblischen Belege mit den geistlichen Auslegungen, die das Schwein in die Nähe des Teufels und des dem Teufel verfallenen Menschen rücken. Aufschlußreicher als jene traditionellen Deutungen sind aber für unsere Fragestellung die beigefügten Illustrationen. Eine Reihe von Bestiarien aus dem 13. Jahrhundert zeigen an dieser Stelle nicht einfach das Bild eines Schweins, sondern das einer Sau mit Ferkeln, obwohl im Text selbst von der Muttersau und den Ferkeln nirgendwo die Rede ist (z. B. Ms. BL Harley 4751 fol. 20r und Ms. Bodl. 746 fol. 37v)[4]. Wir dürfen daher annehmen, daß zu der Zeit, als jenes Kölner Bildnis entstand, die Verbindung der negativen Symbolwerte des Schweins mit dem Bild von Sau und Ferkeln durchaus gebräuchlich war. Es dürfte also auch der umgekehrte Schluß berechtigt sein, daß Sau und Ferkel im entsprechenden ikonographischen Kontext durchaus in der Lage waren, eben jene negativen Deutungen zu evozieren.

Ebenso wie beim Kapitell von St. Severin zu Köln ist auch bei der Deutung von Sau und Ferkeln im Rundbogenfries des Remagener Pfarrhoftores der ikonographische Kontext, das Bildprogramm, von entscheidender Bedeutung. Eine Reihe von namhaften Kunsthistorikern hat in diesem Jahrhundert versucht, die Rätsel jener seltsamen, das Tor umrahmenden Bildwerke zu lösen, ohne mit einer wirklich schlüssigen Erklärung aufwarten zu können[5]. Es ist nicht die Absicht dieser Studie, den Versuchen einer Gesamtdeutung einen weiteren Vorschlag hinzuzufügen. Uns interessiert vornehmlich die

Darstellung im zweiten Bogenfeld von rechts unten, eine Sau mit drei Ferkeln. Das vorausgehende Feld zeigt eine mit Fischen beladene Sirene, das nachfolgende einen Raubvogel, der einen Fisch in seinen Klauen hält und dessen Rücken als bärtiges Gesicht gestaltet ist. Die entsprechenden Felder auf der Gegenseite werden eingenommen von einer Sirene mit Ruder, einem Fischmann mit zwei Schwänzen und einem Vogelmenschen mit Fischschwanz. Auf jeder Seite folgen nach oben hin noch zwei weitere kleinere Bogenfelder. Kurzum, das vertraute Haustier Schwein erscheint in der ominösen Umgebung von lauter Monsterwesen, grotesken Zwitterwesen, Bildern der Disharmonie in ihrer Kombination von Unvereinbarem, Bildern, die letztlich den überwundenen heidnischen Dämonenglauben beschwören. In einer derartigen Umgebung schließt sich eine Deutung des Schweins als bloßes Haustier selbstredend aus. Dagegen bietet sich gerade die Szene des Neuen Testaments als Interpretationshilfe an, in der Jesus den Dämonen von Gerasa gestattet, in eine Herde Schweine zu fahren, die auch alsbald in Raserei gerät, sich in den nahegelegenen See Genezareth stürzt und dort ertrinkt (Mk 5,1–17). Zieht man in Betracht, daß außer der Sau alle Darstellungen der großen unteren Bogenfelder auf das Element Wasser verweisen, das für die Rheinstadt Remagen von so entscheidender Bedeutung ist, dann muß der Gedanke geradezu verlockend erscheinen, daß der Auftraggeber der Darstellungen einer Reihe von fünf Wasserdämonen noch einen sechsten hinzufügen wollte, das im See von Genezareth ertrunkene, dämonisierte Schwein. Wenn sich diese Vermutung auch kaum beweisen lassen wird, so dürfte dennoch als gesichert gelten, daß die Remagener Sau auf jeden Fall ganz im Sinn der Tradition geistlicher Tierinterpretation als Verweis auf die Macht des Bösen verstanden werden muß.

3. Sau und Ferkel in dekorativer Funktion

Im späteren Mittelalter begegnet das Bild von Sau und Ferkeln insbesondere in englischen Kirchen und Kathedralen in großer Zahl. Sillar und Meyler nennen in ihrem 1961 erschienenen Buch »The Symbolic Pig« 26 derartige Darstellungen. In keinem Fall läßt sich wie bei den Bildern von St. Severin und Remagen eine bestimmte Funktion innerhalb eines symbolischen Bildprogramms nachweisen. Der Betrachter mittelalterlicher Bildwerke, nach der Lektüre vieler bedeutender Werke zur mittelalterlichen Kunstgeschichte geradezu darauf versessen, in jedem Bild einen tieferen symbolischen Sinn zu suchen, muß sich hier Selbstbeschränkung auferlegen, es sei denn, er will sich auf den unsicheren Boden von allerlei abenteuerlichen Vermutungen und Spekulationen begeben.

Dagegen ist festzuhalten, daß die meisten Darstellungen von Sau und Ferkeln an Plätzen wie Miserikordien, Kämpfern und Schlußsteinen für eine spezifische, symbolische Deutung nichts hergeben. Ohne erkennbaren Bezug zu programmatisch ähnlichen Darstellungen stehen sie für sich selbst in lediglich dekorativer Funktion und können allenfalls in einem ganz allgemeinen Sinn als entsprechende Illustrationen der Bestiarien aufgefaßt werden, ohne daß dabei gleich an die dort vorliegende geistliche Auslegung des illustrierten Tiers gedacht werden muß.

Eine reizvolle Ausführung des Themas läßt sich im Chorgestühl der Kathedrale von Chester im Westen Mittelenglands entdecken. Etwa in der Mitte des südlichen Gestühls findet sich eine Miserikordie, die eine Sau mit einem besonders spitz zulaufenden Kopf zeigt. Sie ist gerade dabei, ihre sieben Ferkel zu säugen. Über die Schweinefamilie blickt der Hirte aus einem Eichenbaum heraus. Er ist damit beschäftigt, seinerseits für das Muttertier die notwendige Nahrung zu beschaffen, nämlich die Eicheln. Gerade die Verbindung mit der aus dem Kalenderbild für Oktober/November vertrauten Szene der Eichelfütterung zeigt an, daß bei dieser Sau in der Tat in erster Linie an das Haustier gedacht ist. Später wird zu zeigen sein, daß Miserikordienreihen in Chorgestühlen einen geradezu idealen Platz für die Gestaltung von Bildprogrammen boten, auch solchen, in denen das Schwein eine Rolle spielt. Im Chorgestühl von Chester ist dies jedoch nicht der Fall.

Als im ausgehenden 14. Jahrhundert das Chorgestühl von Chester entstand, waren auch im etwa 150 km südlich gelegenen Worcester Holzschnitzer am Werk[6]. Untersuchungen des dortigen Gestühls haben zwar kein klar definierbares Programm erweisen können, sie haben aber beträchtliche Unterschiede in Stil und handwerklicher Geschicklichkeit deutlich gemacht. Man nimmt an, daß mindestens sechs verschiedene Handwerker die Miserikordien bearbeitet haben. Derjenige mit der klobigsten Hand scheint dabei auch für die Darstellung von Sau und Ferkeln verantwortlich gewesen zu sein. Eine im wahrsten
Abb. 31 Sinne des Wortes »grobe« Sau säugt hier ihre fünf Jungen. Dabei ist dem Holzschnitzer die Postierung des Muttertiers so mißraten, daß es mit dem linken Hinterfuß auf dem fünften Ferkel zu stehen scheint. Den zwei Beispielen ließen sich viele weitere hinzufügen, ohne daß die Deutung des Schweins als Haustier ergänzt werden müßte.

Insgesamt ist festzuhalten, daß Sau und Ferkel nirgendwo so häufig dargestellt wurden wie in England. Die hohe Zahl von 26 Beispielen mag dadurch mitbedingt sein, daß England weniger von Kriegen und bilderstürmenden religiösen Eiferern heimgesucht wurde als die Länder des Festlands. Dennoch ist es höchst auffällig, daß die zahlreichen und umfangreichen Studien zur mittelalterlichen Kunst Frankreichs kein einziges Beispiel einer

Sau- und Ferkel-Darstellung kennen. Aus dem deutschen Bereich ist mir außer den bereits diskutierten Exemplaren aus dem 12. Jahrhundert nur noch ein Beispiel bekannt geworden, ein Wagenrelief aus dem nördlichen Chorgestühl des Kölner Doms. Sein Thema ist die herbstliche Mästung von Schweinen im Eichenwald, ein aus Kalenderillustrationen vertrautes Monatsbild[7]. Ungewöhnlich ist dabei nur, daß eine sich zum Laubwerk aufrichtende Sau gleichzeitig ein schon fast erwachsenes Ferkel säugt.

Die Suche nach weiteren deutschen, allerdings abgewandelten Beispielen ist jedoch nicht ganz vergeblich.

4. Die Judensau

Was sich unter diesem ominösen Wort verbirgt, sei zunächst kurz beschrieben: Bei einer besonders prall und obszön dargestellten Sau nähren sich statt *Abb. 13* der Ferkel Menschen, die an ihren spitzen Hüten eindeutig als mittelalterliche Juden zu erkennen sind. Ihr Verlangen, sich unter allen Umständen an dieser zweifelhaften Quelle zu laben, scheint so groß zu sein, daß sich einige von ihnen gar am Hinterteil der Sau zu schaffen machen, aus dem ihnen dann ein Schwall Urin entgegenspritzt. Wie es zu diesem widerwärtigen Bild gekommen ist und wie es sich weiterentfaltet hat, das gilt es im folgenden Abschnitt zu untersuchen. Dabei kann ich zu einem Teil der sorgfältigen Studie des jüdischen Gelehrten Isaiah Shachar folgen, die unter dem Titel »The ›Judensau‹« 1974 in London erschienen ist[8].

Quellen und Hintergründe

Judensau-Darstellungen begegnen in Deutschland seit dem frühen 13. Jahrhundert. Innerhalb eines Zeitraums von hundert Jahren hat sich dann die oben geschilderte typische Form herausgebildet, die bis ins 18. Jahrhundert hinein immer wieder auftaucht. Hier ist zunächst nach den Faktoren zu fragen, die das Bild hervorgebracht und ihm ein zähes Leben beschert haben, bis es schließlich im 19. Jahrhundert endlich verschwand.

Vergleichbare Bildvorstellungen

Der Gedanke, daß Menschenkinder von einer tierischen Mutter gesäugt werden, ist in den Sagen mancher Völker durchaus vertreten. Das bekannteste mitteleuropäische Beispiel bilden Romulus und Remus und die kapitolinische

Wölfin. Wie lebendig die Sage auch heute noch ist, wurde dem Verfasser bewußt, als ihm bei einem Besuch des Basler Münsters die dortige Judensau-Darstellung als Bild von Romulus und Remus präsentiert wurde. Nun hat die Basler Judensau in der Tat eine gewisse Ähnlichkeit mit jener bekannten Bronzeskulptur aus der römischen Antike, und es wäre auch nicht abwegig zu vermuten, daß das am Ende des 15. Jahrhunderts gefertigte Basler Bildwerk mit seinen zwei Judengestalten formal von der römischen Sage beeinflußt wurde. Schließlich entstand es zur gleichen Zeit, als die Renaissancepäpste emsig bemüht waren, Roms alte Größe in neuem Glanz erstrahlen zu lassen, und dabei lag der Gedanke an seine Gründungssage sicher nicht fern.

Zur Erklärung der Judensau-Bilder aus den vergangenen Jahrhunderten eignet sich jedoch die römische Sage nicht. Die formale Gestaltung der frühen Bilder schließt eine solche Beziehung aus. Die ältesten Judensau-Darstellungen beschränken sich in der Regel nicht auf ein einzelnes Tier mit menschlichem Zwillingspaar, wie man erwarten könnte, wenn Romulus und Remus die Vorlage geliefert hätten. Vielmehr zeigen die alten Beispiele eine Reihe von recht unterschiedlichen Bildkonzepten, zum Beispiel eine menschenköpfige Sau im Dom zu Brandenburg, ein aufrecht stehendes Schwein, das von einem Juden geküßt wird, in der Marienkirche zu Lemgo oder eine Sau mit einem *Abb. 14* einzelnen Juden, der gerade ein Ferkel von den Zitzen wegdrängt, an der Stiftskirche zu Wimpfen.

Mehr Beachtung verdienen dagegen Bildvorstellungen, die die in der Judensau ausgedrückte Verbindung von Judentum und Schwein bereits thematisieren. So nimmt man z. B. an, daß zur Zeit der ersten Judensau-Darstellung auch eine Legende kursierte, in der einige Juden die Allwissenheit Jesu erproben wollen. Sie haben dazu eine Jüdin und ihre Kinder hinter einer Mauer (in anderen Fassungen in einem Faß oder einem Ofen) versteckt und fragen nun Jesus, was dort verborgen sei. Auf seine wahrheitsgemäße Antwort »Eine Frau mit Kindern« erwidern seine Gegner: »Nein, es sind eine Sau und ihre Ferkel«, und verspotten ihn so mit einer lügnerischen Behauptung. Jesus aber reagiert mit der Bemerkung: »Auch gut, dann sollen es eben Sau und Ferkel sein.« Gleich darauf erscheinen Frau und Kinder in Sau und Ferkel verwandelt. Die Legende ist zuerst belegt in einer arabischen Quelle aus dem 11. Jahrhundert. Ihre zunächst mündliche Verbreitung in Europa ist vom 14. Jahrhundert an durch Buchillustrationen nachweisbar[9].

Eine weitere Verbindung von Judentum und Schwein ist seit dem 13. Jahrhundert, der Zeit der frühesten Judensau-Bilder, in der Rechtspraxis anzutreffen. Es handelt sich um den sogenannten Judeneid. Wenn Juden in einem Rechtsstreit mit Christen einen Eid leisten wollten, hatten sie ein bestimmtes Ritual zu beachten. Sie mußten während der Eidesleistung barfuß auf einer

Sauschwarte stehen. Der Sachsenspiegel, ein bedeutendes Gesetzeswerk aus dem 13. Jahrhundert, enthält sogar noch weitere detaillierte Anweisungen für die Prozedur. Er verlangt, daß die Schwarte von einer Muttersau zu stammen habe, die vierzehn Tage zuvor geferkelt hat, daß sie über den Rückenkamm aufzuschneiden sei und der Jude auf der Stelle der Zitzen stehen müsse[10].

Obwohl die beiden letztgenannten Belege für eine Verbindung von Judentum und Schwein in die früheste Zeit der Judensau weisen, können sie doch kaum als deren unmittelbare Bildvorlage gelten. Sie verdeutlichen aber, daß man zu jener Zeit recht häufig die Juden mit dem Schwein in Verbindung brachte. Es war zumindest der Boden bereit, auf dem jenes abstoßende Bild gedeihen konnte. Darüber hinaus läßt die Existenz der vorher diskutierten Bilder von Köln (St. Severin) und Remagen darauf schließen, daß Sau- und Ferkel-Darstellungen an Kirchen im frühen 13. Jahrhundert ziemlich verbreitet waren. Denn es ist mit einiger Wahrscheinlichkeit anzunehmen, daß die uns durch günstige Zeitumstände erhaltenen Sau- und Ferkel-Bilder des 12. Jahrhunderts nicht die einzigen ihrer Art waren. Beide überlieferten Beispiele sind zudem eingebettet in einen bedeutungsvollen symbolischen Kontext. Abfall von Glauben bzw. seine Ablehnung – dies signalisieren die alten Bilder von Sau und Ferkel.

Es ist nun zu fragen, ob der negative Symbolgehalt, der traditionsgemäß dem Schwein zugeschrieben wurde, auch für das mittelalterliche Judentum als Ganzes gilt, welche Repräsentationen dieses Symbolgehalts sich in Verbindung mit dem Judentum nachweisen lassen und schließlich, warum es gerade das Schwein war, das im deutschen Bereich als Negativbild des Judentums so populär wurde.

Die Antwort auf die erste Frage betrifft in fundamentaler Weise das Selbstverständnis der mittelalterlichen Kirche gegenüber dem Judentum. Die Kirche sah sich als legitime Erbin der Verheißung des Alten Testaments. Von Anfang an, nachweislich schon im Neuen Testament, hatte man das Alte Testament aus der Perspektive des Glaubens an Jesus als den verheißenen und durch die Auferstehung endgültig legitimierten Messias interpretiert. Dieser Glaube hatte im ersten nachchristlichen Jahrtausend seinen Ausdruck in einem eindrucksvollen theologischen Gebäude gefunden, erstellt durch die Schriften der Kirchenväter und der frühmittelalterlichen Theologen. Hierbei hatte sich eine ganz spezifische Interpretationsmethode herauskristallisiert, die typologische Geschichtsbetrachtung[11]. Dies bedeutet für das Verständnis der Bibel, daß Altes und Neues Testament als zwei grundsätzlich verschiedene Aspekte ein und derselben Heilsgeschichte betrachtet wurden. Die Beziehung der beiden Aspekte zueinander läßt sich am besten beschreiben in dem Begriffspaar Typus und Antitypus. Unter »Typus« wäre dann eine Person oder eine

Begebenheit des Alten, unter »Antitypus« eine des Neuen Testaments zu verstehen, bei der sich Bezüge zum entsprechenden »Typus« aufzeigen lassen. So stehen die zwölf Stammväter Israels in einem typologischen Verhältnis zu den zwölf Aposteln, die vier großen Propheten finden ihren Antitypus in den vier Evangelisten, und der Zug durchs Rote Meer ist eine typologische Vorwegnahme des Eintauchens ins Wasser der Taufe. In beiden Fällen bedeutet das Wasser die endgültige Trennung von einem früheren und den Weg zu einem neuen Leben.

In all diesen Fällen besteht eine Überlegenheit des Neuen über das Alte, des Antitypus über den Typus. Wie Apostel und Evangelisten Stammväter und Propheten überragen, so ist auch das Wasser der Taufe dem Wasser des Roten Meeres eindeutig überlegen. Das sich hier ausdrückende Phänomen der Vergleichbarkeit zweier Dinge bei gleichzeitiger Überlegenheit des zweiten haben die Theologen des Mittelalters in einer Vielzahl von Begriffspaaren zu verdeutlichen versucht: Schatten und Licht, Figur und Wahrheit, Verbergung und Offenbarung, Bild und Sache, Alter und Neuheit, Morgen und Mittag[12].

Für unsere Frage nach den Hintergründen des Judensau-Bildes ist es nun von entscheidender Bedeutung, daß auch das Judentum als Ganzes in diese typologische Geschichtsbetrachtung einbezogen wurde. Auch für den wohlwollendsten Theologen konnte es nichts anderes sein als der Repräsentant eines Heilsweges, der sich inzwischen eindeutig als überholt und unvollkommen erwiesen hatte. Das alttestamentliche Gottesvolk konnte somit zwar durchaus als »praefiguratio« der Kirche, als vorläufig gültiges Modell des richtigen Gottesverhältnisses gedeutet werden, mit dem tatsächlichen Auftreten des Antitypus, mit der Gründung der Kirche als Offenbarung der Wahrheit, die im alten Gottesvolk nur verborgen und schattenhaft zu spüren war, mußte aber der Heilsweg Israels fortan als theologisch entwertet gelten. Dies bedeutete jedoch für den christlichen Theologen durchaus nicht, daß dem Judentum als solchem die Existenz abzusprechen war. Im Gegenteil, als lebendiger Verweis auf das sich jetzt erfüllende größere Heil der christlichen Kirche war es sogar notwendig[13]. Dieses Verständnis schloß gleichzeitig die Notwendigkeit ein, daß dieser Verweischarakter, dieses Zurückbleiben hinter dem Antitypus, auch tatsächlich sichtbar wurde.

In der Praxis bedeutet das die Erstellung einer besonderen Gesetzgebung, die dem Judentum zwar nicht die Existenz raubte, jedoch auch nicht zuließ, daß es sich prächtiger entfaltete als der Repräsentant des jetzt gültigen Heilsweges, die Kirche. Dem Ziel, den Unterschied zwischen Altem und Neuem, zwischen Vorläufigem und Endgültigem zu verdeutlichen, dienten unter anderem Bestimmungen, die es untersagten, daß Juden christliches Personal beschäftigten oder daß neue Synagogen gebaut wurden. Ihre rechtliche Stellung wurde vom 13. Jahrhundert an als beständige Knechtschaft definiert. Synagogen durften keineswegs christlichen Kirchen gleichkommen, sie hatten vielmehr schäbige und niedrige Gebäude zu sein[14]. Nirgendwo durfte auch nur andeutungsweise die Überlegenheit der Kirche über das Judentum in Frage gestellt werden.

Den Juden wurde also von theologischer Seite begrenzte Toleranz gewährt, sofern ihre Lebensweise, z. B. ihr sozialer Status, Elemente enthielt, die die Überlegenheit des Christentums demonstrativ verdeutlichten. Dieses relativ subtile Konzept des Zusammenlebens von Christen und Juden konnte jedoch von der theologisch ungebildeten Masse der Bevölkerung kaum verstanden werden. Weswegen, so mußte sich der Laie fragen, gab es denn die jüdische Religion überhaupt noch, wie hatte sie überleben können, wo ihre Unterlegenheit doch völlig eindeutig war?

Zur Bewältigung des Problems des zähen Überlebens einer sich kulturell deutlich unterscheidenden Minderheit inmitten einer überwältigenden, sich durch eine gemeinsame Kultur definierenden Mehrheit verfiel man schließlich auf ein Denkschema, das in ähnlich gelagerten Fällen auch heute noch anzutreffen ist: Der Andersdenkende, der Jude, ist nicht etwa zu tolerieren, sondern zu verteufeln. Denn wer sonst als der Teufel konnte den Juden die Kraft geben, angesichts eines derart siegreichen Christentums auf ihrem Glauben zu beharren? Mehr noch, wenn sie sich vor die Wahl der Zwangstaufe oder des Todes gestellt sahen: wer, wenn nicht Beelzebub, trieb sie dazu, lieber in den Tod zu gehen, als ihrem doch eindeutig als falsch erwiesenen Glauben abzuschwören[15]? In ähnlicher Weise wie bei den Hexenprozessen werden Standhaftigkeit und Treue zur eigenen Überzeugung umgedeutet als dämonische Besessenheit. Damals wie heute, so scheint es, weiß sich die jeweils herrschende Meinung gegenüber Andersdenkenden oft nur dadurch zu helfen, daß sie sie einfach aus der menschlichen Gemeinschaft ausschließt und sie mit dem Stigma der Abnormität brandmarkt, einem Stigma, das nicht selten die physische Vernichtung nach sich zieht.

Dafür, daß das Judentum im Mittelalter tatsächlich als Verkörperung der Macht Satans gedeutet wurde, gibt es in der zeitgenössischen geistlichen Literatur zahlreiche Zeugnisse. Petrus Venerabilis, einer der bedeutendsten Äbte Clunys, hat sich im 12. Jahrhundert zum Fortbestehen des Judentums folgendermaßen geäußert: »Ich bezweifle in der Tat, ob der Jude ein menschliches Wesen sein kann, denn er ist weder durch Begründungen aus der menschlichen Vernunft zu überzeugen, noch gibt er sich mit den Worten anerkannter Autoritäten zufrieden« (d. h. den Texten des Alten Testaments, die auf Jesus gedeutet werden)[16]. Der Leser mag sich fragen: Wenn der Jude kein menschliches Wesen ist, was ist er dann? Die noch relativ gemäßigte

Formulierung des Abtes durfte sich jedoch auf Autoren berufen, die in dieser Sache bereits wesentlich deutlicher gesprochen hatten. Schon im Neuen Testament gibt es Äußerungen, die das Judentum in die Nähe des Teufels rücken. So wirft z. B. Jesus nach der Darstellung des Johannesevangeliums seinen Gegnern vor, daß sie Söhne des Teufels und ihm zu Willen seien (Joh. 8,44). Als Jesu Gegner erscheinen hier nicht mehr nur die Angehörigen einer bestimmten Gruppe, z. B. der Schriftgelehrten und Pharisäer, hier scheinen vielmehr ganz allgemein »die Juden« angesprochen zu sein, als ob Jesus selbst kein Jude wäre. In der Apokalypse schließlich wird den Gegnern der jungen Kirche das Recht abgesprochen, sich Juden zu nennen. Sie seien vielmehr die Synagoge Satans (Apok. 2,9; 3,9).

Bei derart gewichtigen neutestamentlichen Belegen kann es kaum verwundern, daß manche Kirchenväter bei der Auseinandersetzung mit dem Judentum noch einige Schritte weitergegangen sind. Chrysostomus von Antiochien nannte im 4. Jahrhundert die Synagogen Orte des Götzen- und Teufelsdienstes [17], und sein Zeitgenosse Hilarius von Poitiers glaubte, daß die Juden in der Zeit vor dem mosaischen Gesetz von einem unreinen Dämon besessen gewesen seien, der nach ihrer Ablehnung Christi unverzüglich wieder in sie hineingefahren sei [18]. Eusebius, ein aus Alexandrien stammender Bischof des 5. Jahrhunderts, ließ in seinen Predigten die Juden als alte Freunde des Teufels auftreten [19]. Quellenstudien zur Auseinandersetzung mit dem Judentum im ersten nachchristlichen Jahrtausend haben eine große Anzahl weiterer Belege zutage gefördert, die alle versuchen, das Judentum zu dämonisieren. Im späteren Mittelalter sind es vor allem die geistlichen Schauspiele, insbesondere die Passionsspiele, die die Beziehung Jude–Teufel großen Scharen der christlichen Bevölkerung anschaulich vor Augen führen. In einem französischen Passionsspiel, das eine sehr weite Verbreitung gefunden hat, ergreifen die Teufel die Initiative, indem sie die Juden zum Vorgehen gegen Jesus anstacheln. Die Juden jedoch sind nur allzu bereit, das Teufelswerk auszuführen, und verfallen in einen ausgelassenen Freudentanz, wenn sie ihr Opfer endlich am Kreuz sehen. Während des ganzen Spiels sind die Teufel im Hintergrund gegenwärtig und verfolgen die Ereignisse mit johlendem Gelächter [20]. In einem anderen geistlichen Schauspiel, das eine angebliche Hostienschändung zum Thema hat, ruft der verurteilte und auf den Scheiterhaufen gebundene Jude den Teufel an, ihn vom Ort der Hinrichtung wegzutragen, damit er an Leib und Seele ewig weiterbrenne [21]. Diese und viele andere Texte lassen den Schluß zu, daß die Mehrheit der christlichen Bevölkerung fest davon überzeugt war, daß die Juden sehr wohl um die Falschheit ihrer eigenen Religion wußten, dies jedoch aus vom Teufel unterstützter Widerspenstigkeit nicht zugeben wollten.

Die Gleichsetzung von Jude und Teufel hat ihren wohl bedeutendsten literarischen Ausdruck gefunden in der Gestalt Shylocks aus Shakespeares »Kaufmann von Venedig« (Ende 16. Jahrhundert). Shylocks eigener Diener, der Clown Gobbo, bezeichnet seinen Herrn als leibhaftigen Teufel (Akt II,2), und des Kaufmanns Freund Salanio sieht den Teufel kommen, wenn der Jude Shylock die Szene betritt (III,1). In einem theologischen Werk aus dem 14. Jahrhundert erhält schließlich sogar der weinbergzerstörende Eber des 79. Psalms eine neue Deutung, die dem eigentlichen Sinn diametral entgegensteht. Während ursprünglich der Wildeber den heidnischen Gegner des Judentums repräsentierte, wird er nun selbst zum Sinnbild der Juden, die bei der Passion Jesu gewütet hätten wie wilde Schweine[22]. Spätestens hier wird theoretisch bestätigt, was in der Praxis spätmittelalterlicher Kunst schon lange üblich gewesen war, nämlich die Gleichsetzung von Jude und Schwein im Bild der Judensau.

Der kurze Blick auf die Auseinandersetzung frühchristlicher und mittelalterlicher Autoren mit dem Judentum hat gezeigt, daß die Fortexistenz dieser Religion theologisch zwar gerechtfertigt werden konnte, wenn man auf die Methode typologischer Geschichtsbetrachtung zurückgriff, weniger subtile Autoren jedoch gleichzeitig sehr oft das Wirken dämonischer Kräfte vermutet haben. Es ist nur folgerichtig, daß die Beziehung Jude–Teufel ihren künstlerischen Ausdruck in Vorstellungen suchte, die bereits eindeutig als Verweis auf die Wirklichkeit des Bösen in Beschlag genommen waren. Zu solchen Bildern gehörte das Schwein, sowohl in seiner wilden als auch in seiner zahmen Form. Hatte doch der große Origines bereits die Richtung gewiesen, indem er den Eber des 79. Psalms kurzerhand mit dem Teufel identifizierte[23], und Cassiodors Psalmenkommentar, einer der wichtigsten des Mittelalters, war ihm hierin gefolgt[24]. Die Verbindung des Hausschweins mit dem Teufel mußte wiederum nach der Dämonenaustreibung von Mk 5,1 ff., wo Jesus den Teufeln gestattet, in die Schweine zu fahren, ebenfalls als selbstverständlich erscheinen. Dennoch ist es durchaus nicht selbstverständlich, daß man die im Judentum gesehene Dämonenverfallenheit gerade mit dem Bild des Schweins ausdrückt. Ein kurzer Blick in die Kunstgeschichte zeigt, daß es hier auch andere Möglichkeiten gab.

Einer differenzierenden, typologischen Betrachtung des Judentums entsprach am ehesten das Bildkonzept der allegorischen Figurengruppe von Ecclesia und Synagoge, wie es seit dem 12. Jahrhundert in der kirchlichen Bauplastik anzutreffen ist. Ein besonders eindrucksvolles Beispiel für dieses Konzept findet sich am Portal des südlichen Querschiffs des Straßburger Münsters[25]. Im rechten und linken Gewände eines doppelbögigen romanischen Portals stehen zwei überlebensgroße Frauengestalten. Die linke Figur, die Ecclesia, ist ausgestattet mit Mantel, Kreuzstab, Krone und Kelch. Ihr

Blick richtet sich auf eine leider verlorengegangene dritte Figur, die den Mittelpfeiler zierte. Nach einem alten Stich aus dem Jahr 1617 muß es sich dabei um König Salomo gehandelt haben. Zur Rechten steht die Synagoge, mit verbundenen Augen, zerbrochener Lanze, ohne Mantel und vom Zentrum abgewandt. Die Ecclesia ist somit eindeutig als die Überlegene ausgewiesen, während die Synagoge mit gesenktem Haupt ihre Niederlage zu betrauern scheint. Dennoch sind beide Frauengestalten an Schönheit und Vollkommenheit der äußeren Erscheinung einander ebenbürtig. Die Unterlegenheit der Synagoge drückt sich nicht in ihrer Gestalt selbst, sondern in ihrem Gestus aus. Gerade dieser Umstand ist charakteristisch für die typologische Sicht des Judentums. Als Typus der zukünftigen Kirche war es der vorläufig gültige Ausdruck des richtigen Gottesverhältnisses. Eben deswegen kommt ihm heilsgeschichtlich typologisch gesehen eine besondere Würde zu, die auch nach seiner Überwindung und Ablösung durch die Kirche sichtbar bleibt. Die in diesem Bildkonzept ausgedrückte Typologie dürfte somit das Positivste sein, was christliche, mittelalterliche Kunst jemals zum Thema Judentum zu sagen gewußt hat.

Wesentlich gröberes Denken verrät demgegenüber ein zur selben Zeit wie jene Frauenfiguren entstandener Bilderfries des Straßburger Münsters. Ein durch seinen Spitzhut eindeutig als Jude ausgewiesener Mann wird von zwei grotesken Dämonengestalten hinweggeschleppt[26]. Einer der Dämonen hat dem Juden eine Schlinge um seinen rechten Fuß gelegt und schleift ihn daran fort wie ein Schlachtschwein. Ähnliche Bilder sollten sich in der folgenden Zeit noch oft wiederholen. Sie alle geben Zeugnis vom Glauben an die Dämonenverfallenheit des Juden, sie dokumentieren, daß christlicher Volksglaube sich das Ende des Juden nicht anders als in ewiger Verdammnis vorstellen konnte.

Im französischsprachigen Bereich wird die Beziehung Jude–Teufel seit dem 14. Jahrhundert noch durch ein anderes Bild ausgedrückt. Es handelt sich um den Skorpion. Er begegnet als Emblem des Jüdischen sowohl im geistlichen Schauspiel als auch in der hiervon beeinflußten Kunst. Er ist insbesondere auf Darstellungen der Passion anzutreffen, und zwar als emblematisches Wappentier auf den Fahnen, Wimpeln, Schilden und Rüstungen der Judenschar[27]. Auch die hierbei gelegentlich auftauchende allegorische Figur der Synagoge trägt eine Skorpionfahne. In der Regel ist in der unmittelbaren Nachbarschaft des Skorpions noch ein weiteres charakteristisches Emblem anzutreffen, die Buchstabenreihe *SPQR*, die Initialen der bekannten Formel *Senatus PopulusQue Romanus* (Senat und Volk von Rom) als Erkennungszeichen der Militärmacht Roms auf den Standarten aller Legionen. Die Begründung für die Ausstattung des Judentums mit dem Skorpionzeichen liegt in der traditionellen geistlichen Interpretation dieses Tieres. Hüte dich vor dem Skorpion, so hieß es in den Enzyklopädien. Er hat zwar von vorn gesehen ein sanftes und friedliches Antlitz, doch wenn du ihn berühren willst, sticht er dich mit seinem Schwanz aufs empfindlichste. Die Enzyklopädien liefern auch sogleich eine geistliche Ausdeutung dieser Eigenschaft. Den Skorpionen sind die Häretiker vergleichbar. Von vorn gesehen locken sie durch das angenehme Äußere ihrer Lehre, doch stechen sie mit einem verborgenen Stachel und führen die Gläubigen durch heimtückische Täuschung letztlich ins Verderben[28]. Schon vor den Bestiarien hatten wichtige frühmittelalterliche Texte, wie der Clavis Melitonis und des Hrabanus Maurus Buch von der Natur, den Skorpion mit dem Teufel und seinen Anhängern identifiziert, eine Tradition, die sich durch das ganze Mittelalter fortsetzte[29]. Demnach blieb es nicht zweifelhaft, wes Geistes Kind der war, der sich mit einem Skorpionemblem zierte. Er war ein Sohn des Teufels, ein besonders gefährlicher zudem, da er seine heimtückischen Anschläge durch angenehmes Auftreten zu verbergen vermochte. Gerade dies traf ja, wie man glaubte, auf die Juden zu. Hinter der Erscheinung des ehrbaren Mitbürgers verbargen sich nach Ansicht der Christen unaussprechliche Greuel, die nicht anders als teuflisch zu bezeichnen waren.

Neben der relativ wohlwollenden Darstellung des Judentums unter dem Bild der Synagoge waren also auch solche Bilder gebräuchlich, die eindeutig einen Bezug zum Dämonischen erkennen ließen. Dabei werden nicht selten die Dämonen selbst Gegenstand der Darstellung, während andere Bilder den Sachverhalt mit Hilfe eines leicht zu interpretierenden Tiersymbols veranschaulichen. In die Reihe jener, die Dämonenverfallenheit des Judentums illustrierenden Bilder gehört sicherlich auch das Motiv der Judensau. Es bleibt zu fragen, warum es gerade im deutschen Bereich das Schwein bzw. die Muttersau war, während im französischen der Skorpion bevorzugt wurde und andere Länder, wie etwa England, überhaupt kein spezifisches Bildmotiv entwickelten.

Der Kulturhistoriker Isaihah Shachar sieht in einer bestimmten Passage aus der einflußreichen Enzyklopädie des Hrabanus Maurus den Hauptanstoß für die Entfaltung des deutschen Bildes. Jener gelehrte Mönch aus dem Umkreis Karls des Großen zitiert und kommentiert unter dem Stichwort Schwein sämtliche einschlägigen Bibelstellen[30]. In einem Fall, dem 14. Vers des 16. Psalms, scheint ihm jedoch ein fataler Fehler unterlaufen zu sein. Hrabanus Maurus las in der ihm vorliegenden Textfassung: »Ihr (der Gottesfeinde) Bauch ist voll von Dingen, die von dir verborgen wurden, voll sind sie von Schweinefleisch, und was ihnen davon zuviel ist, hinterlassen sie ihren Kindern.« Diese Textfassung ist falsch. Im hebräischen Original ist nicht von Schweinefleisch, sondern von Söhnen die Rede, und der zweite Teil des Verses lautet dann übersetzt: »... sie haben viele Söhne und hinterlassen, was ihnen zuviel ist, ihren Kindern«. Die fehlerhafte Lesart wird ermöglicht durch die griechische Übersetzung des Alten Testaments, die Septuaginta, die vielen Kommentatoren wegen Unkenntnis des Hebräischen als Grundlage gedient hat. Der Unterschied zwischen Schweinen und Söhnen wird in dieser Sprache an der entsprechenden Bibelstelle nur durch ein unscheinbares, in der Mitte der fast gleichlautenden Wörter befindliches *›epsilon‹* markiert. Liest der Kommentator *HYIŌN*, weiß er, daß er es mit Söhnen zu tun hat, liest er aber *HYEIŌN*, hat er Borstenvieh vor sich. Eine kleine Nachlässigkeit des Schreibers genügte dann, um völlig andere Verhältnisse zu schaffen.

Nun war diese Leseschwierigkeit auch vor Hrabanus Maurus durchaus bekannt. Augustinus und Hieronymus, Verfasser von wichtigen Psalmkommentaren, haben auf das Problem ausdrücklich hingewiesen[31], und man darf annehmen, daß dem karolingischen Gelehrten zumindest einer der beiden Autoren, wahrscheinlich aber beide zugänglich waren. Nichtsdestoweniger entscheidet er sich für die Lesart mit den Schweinen und fängt alsbald an, den falschen Text auszulegen: Der Psalmist, so führt er aus, spreche hier von den Juden. Er bringe sie mit unreinen Dingen in Verbindung, die vor Gott verborgen würden und von denen man wisse, daß sie verboten seien. Der Ausdruck Schweinefleisch stehe hier stellvertretend für all jene im Alten Testament untersagten unreinen Dinge. Was an Unreinheit und Sünde ihnen selbst zuviel gewesen sei, hätten sie ihren Kindern hinterlassen, als sie beim Prozeß gegen Jesus ausriefen: »Sein Blut komme über uns und unsere Kinder« (Mt 27,25). Erstaunlicherweise fehlt dieser explizite Bezug auf die Juden in allen englischen Handschriften der Enzyklopädie des Hrabanus und ebenso in den auf jenes Werk zurückgehenden Bestiarien. Was in den deutschen Handschriften speziell über die Juden ausgesagt ist, bekommt somit in England einen allgemeineren, umfassenderen Sinn, und die das Blut Christi beschwörenden Prozeßzuschauer bilden ein warnendes Exempel, das für jeden Leser verbindlich sein soll.

Man ist versucht zu glauben, jene eigenartige Textabweichung könne eine Erklärung für die Entstehung des Judensau-Bildes in Deutschland bzw. ihr Fehlen in England bieten. Ein derartiger Schluß ist jedoch verfrüht. Es ist auch in Betracht zu ziehen, daß nicht die deutschen, sondern die englischen Handschriften den Text mit Sau und Ferkeln, dem direkten Bildmodell der Judensau, illustrieren. Keine deutsche Handschrift bietet eine Illustration, die sich derart gut für die Entwicklung des Judensau-Bildes geeignet hätte wie z. B. die Sau und Ferkel-Darstellung der Bestiarien Ms. Harley 4751 aus der *Abb. 12* Britischen Bibliothek und Ms. Bodl. 746 aus der Oxforder Bodleian Bibliothek. Ganz davon abgesehen, darf keineswegs vergessen werden, daß schon in den frühesten Zeiten des Christentums der literarische Boden bereitet wurde für die Vorstellung einer bizarren Form geistiger Verwandtschaft zwischen Jude und Schwein. Beide werden schon im Neuen Testament mit dem Teufel in Verbindung gebracht. Es ist daher unwahrscheinlich, daß das Judensau-Bild auf Handschriftenillustrationen zurückgeht.

Die Gründe für die Entstehung des Bildes in Deutschland und nicht auf den an Sau und Ferkel-Darstellungen reichen Britischen Inseln dürften woanders zu suchen sein. In Mitteleuropa gab es bereits seit römischer Zeit jüdische Gemeinden, die sich im ersten Jahrtausend in einer relativ toleranten, christlichen Umgebung recht gut zu behaupten vermochten und ein blühendes kulturelles Leben entfalteten. In England dagegen sind größere jüdische Gruppen erst seit der Eroberung durch die Normannen im Jahr 1066 nachweisbar. Bereits 130 Jahre später, unter Richard Löwenherz, wurden sie großenteils wieder vertrieben. Die verbliebenen Juden fielen gegen Ende des 13. Jahrhunderts einer gnadenlosen Verfolgung durch Edward I. zum Opfer. Von da an bis zur Regierung Oliver Cromwells im 17. Jahrhundert gab es in England keine Juden[32]. Anders war die Situation auf dem Kontinent, insbesondere in Deutschland. Hier war die christliche Bevölkerung schon seit Jahrhunderten mit der Nachbarschaft jüdischer Minderheiten konfrontiert. Wenn die Theologen vom überholten und widerlegten Glaubensweg des Judentums sprachen, hatte jedermann anschaulich vor Augen, wer damit gemeint war.

Die bloße Existenz der Juden, wie anstößig sie dem Theologen auch war, reichte jedoch keineswegs aus, um ein Bild wie die Judensau entstehen zu lassen. Hierzu bedurfte es eines kräftigen, weniger theoretischen Impulses. Solch ein Anstoß war zweifellos mit den Begleitumständen des ersten Kreuzzugs gegeben. Warum sollte man seinen Eifer für das proklamierte, gottgefällige Werk bis zur Ankunft in Jerusalem zügeln, wenn die Feinde Christi auch im eigenen Land zu finden waren? Tendenziöse Äußerungen von Kirchenvätern und frühmittelalterlichen Theologen hatten jahrhundertelang für das Miteinander von Christen und Juden kaum eine praktische Konsequenz gezeitigt. Jetzt aber, nachdem die Kreuzzüge eine bisher unvorstellbare antijüdische Hysterie entfacht hatten, konnte die Saat aufgehen. In diesem Kontext muß die Entwicklung eines derart abstoßenden Bildes wie der Judensau fast wie eine Art historischer Notwendigkeit erscheinen.

Frühe Darstellungen bis zum Ende des 13. Jahrhunderts

Die älteste Darstellung einer Judensau findet sich nach Auskunft von Isaihah Shachar auf einem Säulenkapitell des Domkreuzgangs in Brandenburg an der Havel. Auf dem stark verwitterten Kapitell kann man ein nach links gewandtes vierbeiniges Monstrum ausmachen, das fünf Jungen säugt. Pfoten und Rükkenkamm dieses Wesens lassen erkennen, daß hier eine Sau dargestellt werden sollte. Sie trägt jedoch ein menschliches Haupt, das von einem spitzen Hut bekrönt wird, der vorgeschriebenen Kopfbedeckung mittelalterlicher Juden. Ihr erhobener rechter Vorderfuß ist ebenfalls menschlich gestaltet, nämlich als Arm mit geöffneter Hand. Links von der Sau steht eine Frauengestalt in einer Haltung, die die Absicht der Fütterung vermuten läßt. Auf der Gegenseite macht sich ein Mann am Hinterteil der Sau zu schaffen. Auf dem oberen Rand des Kapitells ist der jüdische Name Pinnecas (Pinchas) eingemeißelt[33]. Da jener Name für die Entstehungszeit des Kapitells, das frühe 13. Jahrhundert, nicht belegt ist, steht zu vermuten, daß es sich hier um einen späteren Zusatz handelt, der die Judensau-Darstellung mit einer bestimmten jüdischen Person in Verbindung bringen wollte. Das hier Sau und Mensch verbindende Zwitterwesen ist einzigartig unter allen Judensau-Darstellungen. Der Bildtyp »Judensau« war zu jener Zeit noch nicht festgelegt. Es war die Zeit des Experimentierens. Nichtsdestoweniger sind wesentliche Elemente des späteren Bildes hier schon vorhanden: die Verbindung von Schwein und Jude, das Säugen und die Beschäftigung mit der Afterregion des Tieres.

Abb. 15 Eine besonders interessante Bildkomposition mit Judensau-Szene ist im Chorraum des Xantener Doms zu entdecken. Es handelt sich um zwei Konsolen, die als Träger einer Darstellung der Heimsuchung Mariens dienen. Die Konsole, die die Figur der Elisabeth trägt, zeigt, ineinander verbissen, einen Löwen und einen Drachen. Von der Konsole der Marienfigur blickt eine vornübergebeugte, halbnackte Männergestalt herab.

Für die Spitze des Hutes der Gestalt interessiert sich eine recht stattliche Sau, die gerade im Begriff ist, hier zuzubeißen. Sie selbst wieder findet das Interesse einer kleineren nackten Menschengestalt, die ebenso wie der Mann mit einem Judenhut ausgestattet ist. Die kleinere Gestalt hat mit der Rechten die rechte Vorderpfote der Sau ergriffen, als wolle sie das Tier festhalten, um besser an dessen Euter heranzukommen. Bei der Interpretation der Szene sind die unmittelbare Nachbarschaft der strukturell ähnlich gestalteten Konsole mit Löwe und Drache wie die funktionale Beziehung beider Darstellungen zur Szene von der Heimsuchung Mariens zu berücksichtigen. Die Skulptur mit Löwe und Drache ließe sich in Anlehnung an den Psalmkommentar des Augustinus als zwei Erscheinungsweisen des Teufels verstehen. Während der Löwe dabei für den offenen Angriff steht, verkörpert der Drache die heimtückisch versteckten Nachstellungen des Bösen[34]. Wie die beiden Tiere ineinander verbissen sind, so sind auch Sau und Jude Ziel eines gegenseitigen Angriffs. Die Sau, so scheint es, verwechselt den Knauf des Judenhuts mit Futter und beißt kräftig zu, wobei sie selbst dem kleineren der beiden Juden als

Nahrungsquelle dient. Zwei Begegnungen von Repräsentanten des Bösen erscheinen hier in Dienst genommen für eine Begegnung, die den Charakter des Heiligen trägt. Darstellungen von schlimmen Lastern, Zorn und Raserei im Kampf zwischen Löwe und Drache, Gier und Habsucht im Zusammentreffen von Sau und Jude, ordnen sich so im funktionalen wie auch im theologischen Sinn der Verkörperung von Liebe und Vertrauen in der Begegnung der beiden Heiligen unter: Sie bilden für die beiden großen Frauen des Neuen Testaments die Fußstütze.

Eine weitere frühe Darstellung der Judensau begegnet uns an einem Strebepfeiler des Südostchores der Wimpfener Stiftskirche. Es handelt sich um einen auf das Ende des 13. Jahrhunderts datierbaren Wasserspeier. Unter einer gewaltigen Sau mit weit aufgerissenem Maul hat sich ein Mann mit langem, *Abb. 14* gegürtetem Gewand und Judenhut an eine der Zitzen herangemacht, während er gleichzeitig ein hier seinen Platz beanspruchendes Ferkel wegzuschieben scheint. Der Wasserspeier gehört zu einem Zyklus allegorischer Darstellungen von Lastern und dürfte Habsucht oder Gefräßigkeit versinnbildlichen. Weitere Beispiele aus dem 13. Jahrhundert gibt es in den mitteldeutschen Städten Magdeburg und Eberswalde sowie im ostwestfälischen Lemgo.

Allen frühen Darstellungen der Judensau ist gemeinsam, daß sie keineswegs einen direkten Angriff auf die jüdische Bevölkerung beabsichtigen. Gegen eine solche Deutung spräche allein schon der Ort, wo sie anzutreffen sind. Fünf von ihnen gehören zur Innenausstattung von Kirchen. Die sechste, die Wimpfener Judensau, hängt außen am Südostchor in luftiger Höhe, so daß man ein Fernglas benötigt, um Details zu erkennen. Es ist zu vermuten, daß diese frühen Darstellungen vor allem als negatives moralisches Exempel gedacht waren, das sich nicht gegen die Juden, sondern an die christliche Gemeinde richtete. Das jetzt am Ende des 13. Jahrhunderts zu einem festen Bildtyp entwickelte Thema bot jedoch bereits alle Möglichkeiten eines Einsatzes im direkt antisemitischen Sinn. In der Tat sollte es nicht mehr lange dauern, bis man das Bild gegen die Juden selbst richtete.

Die Entwicklung seit dem 14. Jahrhundert

Nach Isaihah Shachar ist die dem Anfang des 14. Jahrhunderts entstammende Wittenberger Judensau das erste Beispiel für eine derartige Umdeutung. Ähnlich wie in Wimpfen ist auch dieses Bild, ein Relief, außen an der Südostecke des Chores angebracht. Die Darstellung steht jedoch für sich allein und ist nicht Teil eines moralisch-allegorischen Zyklus wie in Wimpfen. Drei Judengestalten befinden sich unter der Sau und hindern ein Ferkel daran, die

Zitzen zu erreichen. Eine deutlich größere Gestalt mit abgebrochener Judenhutspitze macht sich am Hinterteil der Sau zu schaffen. Sie hat Schwanz und Hinterpfote des Tiers ergriffen und scheint ihm in den After zu schauen. Dieses Bild sollte später eine wichtige Rolle spielen in Luthers Schrift »Von den Juden und ihren Lügen« aus dem Jahr 1543. Der alternde, offensichtlich recht verbitterte Reformator schlägt hier unter anderem vor, den Juden ihre Synagogen zu verbrennen, ihre Häuser zu zerstören, sie in primitive Unterkünfte zu verbringen und Zwangsarbeit leisten zu lassen. Das Wittenberger Bild interpretiert er so: »Hinder der Saw stehet ein Rabin, der hebt der Saw das rechte Bein empor, und mit seiner lincken hand zeucht er den pirtzel uber sich, bückt und kuckt mit grossem vleis der Saw unter dem pirtzel in den Thalmud hinein, als wolt er etwas scharffes und sonderlichs lesen und ersehen«[35].

Luthers Deutung der Sau als Talmud, aus dem der Jude seine Erkenntnisse gewinnt, sollte böse Folgen haben. Ihm, dem Theologen, nahm man die völlig willkürliche Behauptung als ernsthafte Erklärung ab. Bis zum 18. Jahrhundert wurde seine Deutung immer wieder kopiert, nicht selten mit einem entsprechenden Holzschnitt des Wittenberger Reliefs. Ausgestattet mit der Autorität des großen Reformators erlangte das Schmähbild eine Popularität, die nichts Gutes verhieß.

Bösartiger noch als das Wittenberger Bild stellte sich die Frankfurter
Abb. 18 Judensau dar, ein Gemälde, das vom 15. bis zum frühen 19. Jahrhundert im Durchgang des Alten Brückenturms zu sehen war. Hier hatte man eine besonders obszön gestaltete Judensau mit einer Darstellung des Martyriums eines zweieinhalbjährigen Knaben namens Simon von Trient verbunden. Man behauptete, das Kind sei von Juden zu rituellen Zwecken ermordet worden. Die vielen Kupferstiche und Holzschnitte, auf denen das inzwischen verschollene Original abgebildet ist, verbreiten deutlich Pogromstimmung. Ein Mann in besonders auffälliger Judentracht reitet rückwärts auf einer Kot fressenden Sau. Unter dem Tier saugt ein jüngerer Jude an einer Zitze, während einem weiteren Juden der Urin des Tiers als Trank angeboten wird. Die Darstellung trägt die Unterschrift »Sauff du die Milch friß du den dreck das ist doch euer bestes geschleck«.

Von dieser Judensau bis zum »Saujuden« des Dritten Reichs war der Weg nicht mehr weit. Die Geschichte des Bildes gestaltet sich somit zu einer Geschichte christlicher Judenverteufelung vom hohen Mittelalter bis zur Judenemanzipation des frühen 19. Jahrhundert. Erst dann verschwindet allmählich das Bild. Was jedoch nicht verschwand, war die sich in ihm ausdrückende Geisteshaltung: der Jude sei etwas so völlig Fremdes, daß er eher der Welt dämonischer Tiere als der Menschheitsfamilie angehöre. Die Konsequenzen daraus im 20. Jahrhundert sind hinlänglich bekannt.

5. Der Wildeber als Häretiker – rasende Wildschweine von Kaiser Heinrich IV. bis zu Martin Luther

Nicht nur Juden, sondern auch Christen mußten es sich wiederholt gefallen lassen, mit Schweinen verglichen zu werden, dann nämlich, wenn sie in ihren Glaubensüberzeugungen von der offiziell anerkannten Lehre abwichen. Einen ersten Vorgeschmack auf das, was mittelalterliche Theologen hier entwickeln sollten, liefert eine Legende aus den Dialogen Gregors des Großen. Es handelt sich um die Weihe einer Kirche, die vormals den Arianern gehört hatte, jener christlichen Gruppe, die die vom Konzil zu Nizäa beschlossene dogmatische Definition der Göttlichkeit Christi nicht anerkannt hatte. Als die Kirche nun unter Anteilnahme einer großen Menge rechtgläubiger Christen konsekriert werden sollte, habe sich von außen ein Schwein unter die Gläubigen gedrängt, offensichtlich in der Absicht, durchs Portal in die Kirche einzudringen. Niemand sei des Tieres ansichtig geworden, wie sehr die Menschen es auch gefühlt hätten. Und alle, durch die es sich hindurchgezwängt habe, seien in großes Staunen geraten. Durch dieses Zeichen habe Gott kundtun wollen, daß der unreine Bewohner der Kirche (d.h. die vom Teufel inspirierte arianische Irrlehre) nun im Begriff sei, den Ort zu verlassen. Zwei Nächte noch habe der unreine Geist Widerstand geleistet und in der Kirche einen höllischen Lärm veranstaltet, dann aber sei er gezwungen gewesen zu weichen, und vom Himmel herab habe sich eine lieblich duftende Wolke auf dem Altar niedergelassen[36].

Ein an sich recht harmloser Zwischenfall bei der Weihe einer Kirche scheint hier die Entstehung einer Dämonenlegende bewirkt zu haben. Wer jemals das dichte Gedränge einer großen, begeisterten Menschenmenge am eigenen Leib erfahren hat, wird leicht verstehen, daß Gregors Kirchweihgäste das Schwein, das sich in ihre Reihen verirrt hatte, zwar fühlen, vielleicht auch grunzen hören, jedoch nicht sehen konnten. Die biblische Vorstellung von der Unreinheit des Schweins und die Überzeugung, daß es sich beim Arianismus um eine unreine, ja dämonische Irrlehre handle, scheinen dann den Nährboden für eine Legendenbildung geliefert zu haben, in der das verirrte Borstentier schließlich zum Repräsentanten der vom Konzil verurteilten arianischen Häresie wird.

Zu der Legende hat der Herausgeber von Gregors Dialogen eine interessante thematische Parallele entdeckt. In einem ebenfalls aus der Spätantike stammenden Text wird von der Vision eines Priesters berichtet. Der Mann habe gesehen, wie eine dem Märtyrer Faustus geweihte Basilika zunächst von einer unzählbaren Menschenmenge gefüllt gewesen sei. Kurz darauf aber hätten sich die Menschen entfernt, und die Kirche sei dann von einer riesigen Schweineherde in Besitz genommen worden. Sinn der Vision sei es zu zeigen, daß die Basilika nach der Vertreibung der Rechtgläubigen von den Arianern nach Art von Schweinen besudelt worden sei[37].

Das Tertium comparationis ist bei beiden Texten die Unreinheit. Daß die Glaubensüberzeugung der Arianer von der offiziell verkündeten Lehre abweicht, wird als geistige Verunreinigung gedeutet und das Bild des Schweins eingesetzt, um die Unreinheit drastisch zu veranschaulichen.

Wenn Autoren des Mittelalters die Gegner der offiziellen Kirche als Schweine bezeichneten, folgten sie zumeist einer anderen Auslegungstradition. Es ist nicht der Aspekt der Unreinheit, sondern der Gedanke der Überheblichkeit, dargestellt vor allem im Einzelgängertum des Wildebers. Schon Augustinus hatte ja das Attribut des biblischen Wildebers *singularis* als Kennzeichen seines diabolischen Hochmuts gedeutet. Ein aktueller Anlaß, sich dieses Bilds zu bedienen, boten z. B. die fatalen Ereignisse des Jahres 1054, die zur endgültigen Spaltung von West- und Ostkirche führten. Wenige Tage nachdem der römische Kardinal Humbert von Silva Candida auf dem Altar der Hagia Sophia die Bannbulle niedergelegt hatte, trat die Patriarchalsynode von Konstantinopel zusammen und belegte nun ihrerseits die römische Kirche mit dem Bannfluch. Der entsprechende Text läßt an Deutlichkeit nichts zu wünschen übrig. Wie ein Wildschwein, so stellen die Synodalen fest, seien jene Männer aus der westlichen Finsternis eingebrochen und hätten es gewagt, den rechten Glauben durch abweichende Dogmen zu verunstalten[38].

Reichlich Stoff für derartige Verunglimpfungen bot natürlich auch die große Auseinandersetzung zwischen Papst Gregor VII. und Kaiser Heinrich IV. im Investiturstreit. Bischof Bonizo von Sutri, ein glühender Anhänger der gregorianischen Reform, hatte den Zorn des Kaisers am eigenen Leib zu spüren bekommen, als er im Jahr 1082 von seinem Bischofssitz vertrieben und wenig später sogar gefangengesetzt worden war. In seinem 1086 entstandenen »Buch an einen Freund« versucht er eine groß angelegte Rechtfertigung seiner Position im Kirchenstreit. Ziel seines literarischen Angriffs ist weniger der Kaiser selbst, als vielmehr der durch dessen Betreiben von der Synode zu Brixen zum Gegenpapst Clemens III. gewählte Erzbischof Wibert von Ravenna[39].

In ihm vor allem sieht er den Repräsentanten der von der wahren Kirche abgespaltenen Häresie, die es mit allen Mitteln zu bekämpfen gilt. Bonizos Streitschrift klingt aus in einem überschwenglichen Lob auf die »Tochter des heiligen Petrus«, die kriegerische Markgräfin Mathilde von Tuszien, die mit dem Mut eines Mannes gegen die in der Kirche jetzt wütende Häresie zu Felde gezogen sei. Ihr Beispiel wird allen Anhängern Gregors VII. zur Nachahmung empfohlen. In ihre Hände, so hofft er, werde schließlich auch Sisara fallen, der den Weinberg des Herrn verwüstet habe und – wie der wilde Einzelgänger – dabei sei, ihn ganz und gar zugrunde zu richten.

In der Forschung bestand lange Zeit Unklarheit über die Identität des mit dem biblischen Wildschwein verglichenen Sisara. Der ursprüngliche Träger dieses Namens ist eine Gestalt aus der Richterzeit. Es handelt sich um den Feldherrn Jabins, des Königs von Kanaan (Ri 4,2). Richter in Israel war zu jener Zeit eine Frau namens Debora. Gegen sie erleidet der biblische Sisara seine entscheidende Niederlage. Seinen Tod findet er schließlich in den Händen einer anderen streitbaren Frau namens Jael, bei der er auf der Flucht Schutz gesucht hatte und die den völlig erschöpft Darniederliegenden kurzerhand mit einem Pflock durch die Schläfe in den Boden pfählt (Ri 4,17 ff.). Der mit biblischen Zusammenhängen vertraute, mittelalterliche Leser konnte sich demnach sehr lebhaft vorstellen, was Bonizo einem Wildschwein namens Sisara wünscht, wenn er hofft, daß es möglichst bald in die Hände der streitbaren Frau Mathilde von Tuszien fallen möge. Während nun die ältere Forschung vermutete, daß der Autor hier auf Kaiser Heinrich selbst anspielt, zeigte eine genauere Überprüfung des lateinischen Textes, daß der entsprechende grammatische Bezug nur eine Deutung auf die Häresie zuläßt[40]. Sie soll ausgerottet werden, und bei der Wahl der geeigneten Mittel sollen die »Streiter Gottes«, wie die Anspielung auf das Schicksal Sisaras erkennen läßt, nicht allzu zimperlich sein. Da die Häresie sich notwendigerweise in konkreten Personen manifestiert, insbesondere im Gegenpapst Clemens III., ist Bonizos Tirade gegen das Wildschwein Sisara natürlich auch als Aufforderung zur Anwendung physischer Gewalt gegen die Anhänger der häretischen Lehre zu verstehen.

Etwa zur gleichen Zeit wie Bonizos »Buch an einen Freund« liefert Bruno von Asti eine Erklärung des 79. Psalms, die den weinbergzerstörenden Wildeber sowohl mit der alten arianischen Häresie als auch mit der gerade zur Zeit des Investiturstreits besonders virulenten Häresie der Simonie, d. h. der Käuflichkeit kirchlicher Ämter, in Verbindung bringt[41]. Beide Fehlentwicklungen des christlichen Glaubens sind für ihn Ausdruck eines separatistischen Hochmuts, der letztlich auf die Zerstörung der Kirche zielt. Die Auslegungstradition des Wildebers als Häretiker wird im 12. Jahrhundert fortgeführt, z. B. im Psalmenkommentar des Gerhoch von Reichersberg und einem weiteren, ursprünglich Haimo von Halberstadt, dem Freund des Hrabanus Maurus, zugeschriebenen Psalmenkommentar[42]. Auch im visionären Werk der Hildegard von Bingen »Scivias« (Wisse die Wege) erscheint der häretische Wildeber. Er tritt hier auf als eines von fünf Tieren in der 11. Vision des 3. Buches, die die Bedrängnisse und Verwirrungen der Endzeit veranschaulichen.

Angesichts all dieser mittelalterlichen Belege für die Interpretation des Wildebers als eines hochmütigen Häretikers kann es niemanden überraschen, wenn Papst Leo X. seine Bannbulle gegen Luther mit den Psalmversen beginnt: »Erhebe dich, Herr, und nimm deine Sache in die Hand, denn siehe, der wilde Eber hat deinen Weinberg zerwühlt«[43]. Der Papst hatte damit das Stichwort für eine ganze Serie von antilutherischen Polemiken gegeben. Ein zeitweilig mit dem Jesuitendichter Jakob Balde identifizierter Anonymus sekundierte im 17. Jahrhundert mit der Schrift »Ein neues geistliches Lied von einer Wilden Sau«. Die ersten Strophen schildern nach dem Hohenlied, wie in einen paradiesischen Garten (der alte katholische Glaube) ein schrecklicher Eber einbricht: »Es wurde ein Wild gespührt... Von bösen Feind verführt Lutherus Monachus Apostata sacrilegus Das Feuer hat angeschürt« (Str. 29). Mit Grunzen und aufgerichteten Borsten fällt er ein. »Der Sau-Zahn haut die Schrifft... Fällt alles was er trifft« (Str. 57). Der Sauspieß der Pest habe Luther schließlich den verdienten Tod gegeben (Str. 96)[44].

Schon die Menschen des 16. Jahrhunderts hatten es erleben müssen, daß die an das Wildschwein des 79. Psalms anknüpfende Polemik auch als Bild verbreitet wurde. Dies geschah insbesondere in einem antilutherischen Flugblatt aus dem Jahr 1569. Ein Holzschnitt möge hier das Eindringen des Wildschweins Luther in den Weinberg der Kirche veranschaulichen. Wir
Abb. 19 sehen die Darstellung eines Kirchengebäudes, in dem sich Schweine tummeln und allerlei Unheil anrichten. Weinstöcke im Hintergrund sollen offenbar die Assoziation des Kirchengebäudes mit dem Weinberg des Herrn erleichtern. Eine feiste Wildsau, deren Schädel ein Sachsenhut ziert, ist gerade dabei, in die Kirche einzudringen. Ihr folgt ein weiteres Schwein mit einem menschlichen Haupt, das unverkennbar die Züge des Reformators trägt. Über der Kirche erheben sich Gestalten der Apokalypse, der große siebenköpfige Drache, Symbol des Antichrists (Apk 13,1 ff.), und sein Gegner, die Frau mit der Sonne umkleidet (Apk 12,1 ff.), hier ausgestattet mit einer päpstlichen Tiara[45].

Dergleichen Polemik ließ verständlicherweise die protestantische Seite nicht ruhen. Sie brachte z. B. ein Flugblatt in Umlauf, das seinerseits den Papst mit dem Schwein in Verbindung bringt. In vollem Ornat ließ man ihn auf einer Sau reiten, in seiner linken Hand die stinkenden Exkremente des Tieres, die er interessiert zu betrachten scheint[46]. Offensichtlich ließ man in jener Zeit konfessionellen Haders keine Möglichkeit aus, den Gegner zu verunglimpfen. Wer immer sich dabei des Bildes des Schweins bediente, durfte auf jeden Fall gewiß sein, sich unmißverständlich ausgedrückt zu haben.

6. Schwein und Eber in allegorischen Darstellungen menschlicher Laster

Bilderzyklen des 12. Jahrhunderts

Allegorische Darstellungen menschlicher Laster sind, wie neuere Studien gezeigt haben, bereits für das frühe Mittelalter belegbar. Der aus der theologischen Tradition vertraute Lasterkatalog wird in der frühen Zeit in der Regel durch menschliche Figuren repräsentiert, die nicht selten bei einer für das jeweilige Laster charakteristischen Handlung gezeigt werden. Vom 12. Jahrhundert an werden den menschlichen Figuren Tierembleme beigegeben, und seit der zweiten Jahrhunderthälfte finden sich Darstellungen, die die menschliche Figur durch eine Tiergestalt ersetzen.

In dieser Zeit entstand im Kloster des Odilienbergs unweit von Straßburg eine Enzyklopädie, die zur Veranschaulichung des Lasters der Habsucht eine Reihe von Tiergestalten einsetzte. Es handelt sich um die Bilderhandschrift »Hortus deliciarum« (Der Paradiesgarten), die von der damaligen Äbtissin Herrad von Landsberg angefertigt wurde. Die Handschrift selbst verbrannte in den Wirren des deutsch-französischen Krieges im Jahr 1870. Ihr Inhalt ist jedoch durch mehrere Kopien zuverlässig überliefert[47]. Die in Frage kommende Illustration findet sich auf fol. 203^{v} und trägt den Titel »Carrus Avaritiae«, Karren der Habsucht. Im Zentrum eines reifenförmigen Kreises erhebt sich eine Frauengestalt aus einem Karren, der von einem Fuchs und einem Löwen in zwei entgegengesetzte Richtungen gezogen wird. In ihrer Rechten hält sie einen dreizackigen Rechen. Ihre Linke umklammert eine größere Menge Münzgeld. Über ihr und unter ihr, an der Innenseite des Reifens, finden sich jeweils drei Halbfiguren mit Tierköpfen. Ihre untere Begrenzung bildet eine halbkreisförmige Banderole, deren Aufschrift die Deutung des jeweiligen Tieres liefert. Es handelt sich um die Darstellung verschiedener Einzelaspekte der Habsucht. Sie werden repräsentiert durch Hund, Ochse, Wolf, Bär, Geier und Schwein. Das Feld unter dem Scheitelpunkt des Reifens nimmt die Figur mit dem Schweinskopf ein. Die Banderole trägt die Aufschrift *Sorditas est sus* (schmutzige Gemeinheit, dafür steht das Schwein). Über der Figur auf dem Reifen selbst ist zu lesen: *Male vivit sordida cultu avaricia* (Armselig lebt in ihrer verächtlichen und gemeinen Art die Habsucht). Schmutz, Verächtlichkeit und Gemeinheit, diese negativen Begriffe werden hier ganz im Sinn der überlieferten geistlichen Deutung durch das Schwein repräsentiert. In ähnlicher Weise hat im 12. Jahrhundert auch eine andere gelehrte Ordensfrau das Bild des Schweins benutzt, Hildegard von Bingen in ihrem bereits erwähnten apokalyptischen Visionswerk »Scivias«. In der 11. Vision des dritten Teils schildert Hildegard in Anlehnung an die Johannesapokalypse des Neuen Testaments die Ankunft und Vernichtung des Antichrists. In diesem Zusammenhang spielen auch fünf Tiergestalten eine wichtige Rolle. Die Seherin schreibt hier:

> Darauf sah ich nach Nordosten, und siehe dort standen fünf Tiere, von denen eines war wie ein feuriger Hund, aber nicht brennend, eines wie ein Löwe von rotglühender Farbe, ein anderes wie ein bleiches Pferd, wieder ein anderes wie ein schwarzes Schwein und wieder eines wie ein grauer Wolf. Sie wendeten sich alle gegen Westen, und im Westen vor jenen Tieren erschien gewissermaßen ein Hügel mit fünf Gipfeln, so daß vom Maul eines jeden Tieres ein Strick zu je einem von den Gipfeln des Hügels führte.

Diese Tiervision wurde im 12. Jahrhundert zweimal illustriert, zunächst in der noch zu Hildegards Lebzeiten entstandenen Handschrift des Buches vom Kloster Rupertsberg und wenig später noch einmal in der Salemer Handschrift des Werkes. Die leider seit 1945 verschollene Rupertsberger Handschrift zeigt reicher ausgestattete Illustrationen[49], während die jetzt zum Besitz der Universitätsbibliothek Heidelberg gehörende Salemer Handschrift lediglich kolorierte Federzeichnungen enthält[50]. Die von Hildegard beschriebenen fünf Tiere bezeichnen, wie sie selbst ausführt, fünf Zeitalter der Bedrängnis, des moralischen Verfalls und der Verzweiflung, die dem Kommen des Antichrists vorausgehen. Bei der Einzelauslegung bezieht sie auch die Farbe des jeweiligen Tiers in die Betrachtung ein. Eine besonders originelle Deutung findet die Autorin für die Farbe des Schweins. Die Schwärze des Tiers bezeichnet Verfallenheit an untätige Traurigkeit. Sie deutet auf den beklagenswerten Gemütszustand von Herrschern hin, die, anstatt ihre bösen Wege zu bessern, sich im Schlamm verderblicher Gedanken suhlen und so verantwortlich werden für die Verbreitung vieler Häresien. Ohne die Grenzen der Tradition zu sprengen, hat Hildegard hier sicherlich eine der eigenwilligsten mittelalterlichen Deutungen des Schweins geliefert.

Hildegards schwarzes Schwein und die anderen vier Tiere tauchen 70 Jahre nach ihrem ersten Auftreten wieder auf in einer Cambridger Handschrift eines Kommentars zur Johannesapokalypse[51]. Sie repräsentieren dort Unzucht, Zügellosigkeit, wilden Zorn, Gehässigkeit und Betrug, wobei das Schwein für die Unzucht steht.

Auch die in diesem Kapitel schon diskutierten Bilder des Bogenfrieses von Remagen wurden als Lasterzyklus gedeutet, so in der umfangreichen Untersuchung Albert Koenigers aus dem Jahr 1947[52]. Eine solche Deutung hält jedoch einer genaueren Prüfung nicht stand. Abgesehen davon, daß Koeniger in mindestens einem Fall gar nicht erkannt hat, was für ein Wesen eigentlich dargestellt werden sollte, ist die Zuweisung bestimmter Tier- oder Monstergestalten zu bestimmten Lastern zur Entstehungszeit der Remagener Bilder (1170–80) höchst problematisch. Zwar gibt es im 12. Jahrhundert bereits Darstellungen von Lastern durch Tiergestalten, keineswegs hat sich jedoch bereits eine feste Zuordnung entwickelt, die beim Fehlen von schriftlichen Hinweisen eine Interpretation absichern könnte. Erst gegen Ende des 14. Jahrhunderts kann man von einer relativ festen Zuordnung von Tieren und Lastern sprechen. Bis dahin hatte sich auch die auf Gregor den Großen zurückgehende Siebenzahl der Laster durchgesetzt, die für alle spätmittelalterlichen Darstellungen verbindlich wurde.

Borstige Reittiere in spätmittelalterlichen Bildern von den sieben Todsünden

Ein erstes Zeugnis des voll entfalteten Bildprogramms findet sich in einer Handschrift der Pariser Nationalbibliothek vom Ende des 14. Jahrhunderts[53]. Es treten auf: ein Löwe für den Hochmut, ein Hund für den Neid, ein Wildeber für den Zorn, ein Esel für die Trägheit, ein Dachs für die Habsucht, ein Wolf für die Gefräßigkeit und eine Ziege für die Unzucht. Die Tiere erscheinen jedoch nicht allein, sondern dienen als Reittiere für diejenigen Vertreter der Gesellschaft, die man als für das jeweilige Laster besonders anfällig betrachtete. Jeder Reiter trägt seinerseits auf seiner linken Hand einen entsprechenden Vertreter aus der Vogelwelt. So wird z. B. der den Zorn repräsentierende Wildeber geritten von einer Frau, die ihrerseits einen Hahn trägt. Allen drei Gestalten wird somit eine besondere Beziehung zum Laster des Zorns unterstellt.

Etwa hundert Jahre später zeigt ein Lasterzyklus im Chorgestühl der Kathedrale von Norwich gleich zweimal ein Schwein als Reittier. Die Sünde des Zorns wird veranschaulicht durch einen grimmig dreinblickenden, gerade sein Schwert zückenden Ritter, der auf einem schäumenden Wildeber heran- *Abb. 16*
sprengt[54]. Die Sünde der Schwelgerei hingegen reitet auf einer prallen Sau. Die Gestalt ist offensichtlich betrunken. Während ihr bereits der Hut vom Kopf *Abb. 17*
fällt, setzt sie noch einmal den Humpen an. Wie im Gestühl von Norwich zeigt auch ein etwa zur gleichen Zeit in Deutschland entstandener Holzschnitt ein Schwein als Reittier der Völlerei. Die Bildüberschrift lautet: *mit vellerey ist mir wol. Dem helle ist gestannckes vol*[55].

Das Motiv berittener Schweine erscheint auch in manchen spätmittelalterlichen Handschriften als Randillustration, so z. B in einem englischen Missale aus dem frühen 15. Jahrhundert. Schwein und Reiter, ein Mann mit einer mitraähnlichen Kopfbedeckung, zieren hier die Seite, auf der die Ostermesse beginnt[56]. In einer liturgischen Handschrift aus dem 14. Jahrhundert findet sich das Bild eines grotesken Turnierkampfes zweier Affen, wobei der eine, ein Lanzenträger, auf einem Eber heransprengt, während der zweite, auf einer Ziege reitend, den zu erwartenden Stoß aufzufangen sucht[57]. Eine Interpretation solcher Reitszenen als ernsthafte Darstellungen von Lastern dürfte nicht angebracht sein. Eher scheint hier, wie auch sonst häufig bei Randillustrationen, eine Liebe zum grotesken Detail seinen Ausdruck gefunden zu haben.

Ebensowenig ist sicherlich in der Darstellung von gesattelten Schweinen an den Chorgestühlen von Manchester und Beverley eine Anspielung auf spezifische Laster beabsichtigt gewesen[58]. Nichtsdestoweniger vermochte der einmal entwickelte Bildtyp des berittenen Schweins ein Modell abzugeben für allerlei Spottbilder, auf welchen nicht mehr nur ein fest umrissenes Laster, sondern eine bestimmte Person Zielscheibe der Kritik wurde. So muß zum Beispiel auf einem Flugblatt aus der Reformationszeit der Papst ein Schwein besteigen. Und im 17. Jahrhundert ist es der münstersche Bischof Christoph Bernhard *Abb. 20* von Galen, der sich von aufgebrachten Holländern derartiges gefallen lassen muß. Das bereits recht derbe Schmähbild der Judensau erhielt, wie schon *Abb. 18* gezeigt, in Frankfurt durch Hinzufügung eines jüdischen Reiters ein zusätzliches Element der Verhöhnung.

Neben den Reiterbildern gibt es in den spätmittelalterlichen Kirchen auch zahlreiche Beispiele unberittener Schweine. Wenn sie in den Bilderzyklus der sieben Laster eingeordnet sind, bereitet ihre Deutung keinerlei Probleme. Doch auch manche isolierte Bilder von Schweinen lassen durch die Art der Darstellung und der Plazierung im Kirchengebäude erkennen, daß der Künstler keineswegs nur ein Haustier, sondern vielmehr ein prägnantes Symbol menschlicher Laster darstellen wollte.

7. Musizierende Schweine

Dem Schwein ist übel mitgespielt worden. Soviel dürfte aus dem bisherigen Gang durch Kirchen und Kathedralen deutlich geworden sein. Gar manches menschliche, allzu menschliche Laster mußte sich dieses Tier, nicht selten im wörtlichen Sinne, aufladen lassen. Es kann daher nicht verwundern, daß sein Bild auch in dem Bereich eine Rolle spielt, wo der moralisch Denkende schon seit jeher einen Nährboden des Lasters vermutet hat, nämlich in der Musik, insbesondere der Musik fahrender Sänger und Spielleute. So begegnen wir dem Schwein gerade auch an dem Ort, wo der Mensch durch das Singen von Psalmen und geistlichen Liedern dem Verfallensein an irdische Vergnügungen entzogen sein sollte, im Chorgestühl mittelalterlicher Mönche und Kleriker.

Das bevorzugte Instrument des Schweins scheint hierbei der Dudelsack zu sein, aber auch auf das Spielen der Harfe versteht es sich, und einige dieser musischen Borstentiere versuchen sich sogar auf so delikaten Streichinstrumenten wie der Fiedel und dem Rebeck. Der Kleriker, der zum Singen des Chorgebets seinen Platz einnahm, konnte so gleich zu Beginn auf eine ganz andere Musik verwiesen werden, die häufig mit Dudelsack und Fiedel vorgetragenen Tanzweisen der fahrenden Musikanten. Diese Musiker waren oft, im frühen Mittelalter fast ausschließlich, selbst aus dem Klerikerstand hervorgegangen, war doch in jener Zeit der Erwerb höherer, also auch musischer Bildung an den Eintritt in den geistlichen Stand geknüpft. So war es in den Kloster- und Kathedralschulen des 12. Jahrhunderts die Regel, und so wurde es auch an den ersten Universitäten wie z. B. Paris, Cambridge und Oxford gehandhabt. Student sein war gleichbedeutend mit Kleriker sein. An den Schulen erlernte der junge Kleriker die lateinische Sprache so gut, daß er selbst Verse schmieden konnte. Die große Benediktbeurer Liedersammlung der Carmina Burana gibt von dem poetischen Können der Studenten ein beredtes Zeugnis. Auch die theoretische und praktische Beschäftigung mit Musik gehörte zu ihrem Pensum. Es ist verständlich, daß es manche derartig gebildete Kleriker nicht in den Schranken des Chorgestühls hielt, sondern hinauszog auf öffentliche Plätze und zu geselligen Veranstaltungen, um die erworbenen Künste – wohl mit etwas anderen Rhythmen und anderen Texten – zum besten zu geben, zur Freude des Publikums und zum Ärger mancher geistlicher Oberen.

Abb. 23

Abb. 21

Es wäre naheliegend, die sich unter den Chorsitzen verbergenden Schweinemusikanten mit jenen umherziehenden Klerikern in Verbindung zu bringen, den *lotterphaffen,* wie es im Mittelhochdeutschen heißt. Eine jetzt in der Britischen Bibliothek befindliche Aristoteleshandschrift des 14. Jahrhunderts enthält eine bemerkenswerte Randzeichnung, die eine solche Deutung sehr plausibel erscheinen läßt[59]. Der alte Kodex zeigt ein Dudelsack spielendes Schwein und gleich daneben einen Gaukler in eindeutiger, obszöner Pose. Die beiden Figuren sind umgeben von Tieren, nackten Gauklern und Spielleuten. Die Haartracht der Gestalt am rechten Bildrand soll offensichtlich eine Klerikertonsur andeuten. Beim Text dieser Seite handelt es sich um ein Stück aus Aristoteles' »De Natura«, das sich mit der Hitze des Blutes beschäftigt. Es dürften gerade diese Passagen gewesen sein, die den Zeichner zu der recht derben Szene veranlaßt haben.

Abb. 22

Bei aller Vorsicht in der Deutung solcher nicht selten der Schreiberlaune entspringenden Randzeichnungen zeigt das Beispiel doch, daß die Gedankenverbindung Kleriker–Gaukler–Schweinemusikant im Bereich des Möglichen lag. Eine Festlegung aller Bilder dieser Art auf die vagabundierenden Kleriker jener Zeit dürfte dennoch zu gewagt und zu eng sein, zumal es außer der zitierten Randzeichnung keine eindeutigen Belege gibt, die eine solche Erklärung stützen könnten.

Auf sichererem Boden bewegen wir uns jedoch, wenn wir unsere Überlegungen bei der weit verbreiteten und gut dokumentierten gesellschaftlichen Ächtung des fahrenden Musikers ansetzen. Fragt man nach den Ursachen der Geringschätzung, wird man bald auf das von Anfang an problematische Musikverständnis der Kirche stoßen. Die frühen Theologen konnten nicht leugnen, daß manche biblische Texte direkt dazu auffordern, zum Lob des Herrn Musikinstrumente aller Art einzusetzen. Im 150. Psalm werden gleichsam repräsentativ für alle verfügbaren Instrumente genannt: Posaunen und Pauken, Harfe und Lyra, Saitenspiel und Flöteninstrumente. Sogar der Tanz wird hier als Ausdrucksform des Gotteslobs empfohlen. König David selbst, so berichtet es das zweite Buch Samuel, war ein gottbegeisterter Tänzer. Als die heilige Lade in die neue Hauptstadt Jerusalem überführt wurde, tanzte er zum Klang der Hörner vor ihr her (II Sam 6,13 ff.). Mit seinen musischen Fähigkeiten, insbesondere seinem Harfenspiel, war er in der Lage, den alternden, in Trübsinn verfallenen König Saul aufzuheitern, wenn immer es nötig war (I Sam 16,16 ff.).

Bei derart eindrucksvollen biblischen Vorbildern ist es nur folgerichtig, wenn Künstler die Engelchöre mit Musikinstrumenten aller Art ausstatten, einschließlich des häufig auch von Schweinemusikanten bespielten Dudelsacks[60]. Musik an sich und die dazu nötigen Instrumente galten offensichtlich keineswegs als verwerflich. Im Gegenteil, christliche Musiktheoretiker bemühten sich klarzustellen, daß diese Kunst, eine der sieben freien Künste, zum Lobe Gottes eingerichtet sei. Ihren Ursprung habe sie in Gott, und daher sei sie vortrefflich geeignet, zur Sphäre Gottes hinzuführen[61]. Derartigen Versicherungen hat man aber offensichtlich nicht ganz getraut. Wie anders wäre es sonst zu erklären, daß ein Autor des späten Mittelalters die Hochzeit zu Kana gerade deshalb als vorbildliches, christliches Fest hinstellen kann, weil »da waren nicht Pfeifer noch Geiger, nicht Tänzer, nicht Sänger noch Spielleute«[62]. Musik war nur dann unverdächtig, wenn sie in geordneter Weise zum Lobe Gottes eingesetzt wurde. Musik, die sich einen Freiraum außerhalb des sakralen Bereichs verschaffte und der bloßen Unterhaltung diente, war von frühesten Zeiten an Zielscheibe harscher Kritik, die sich nicht selten zu einschneidenden Sanktionen gegen die Musiker steigerte. Den »histriones«, dem Stand der Schauspieler und Gaukler, zu dem später auch die Spielleute gerechnet wurden, sollte man die Sakramente verweigern. So fordert es schon der Kirchenvater Augustinus[63]. Die Darbietungen der Spielleute galten, da sie Weltliches besangen und nicht der Ehre Gottes dienten, als *cantus obscoenus* oder *carmina lasciva ac turpida*, als scheußliche Musik und liederliche Lastergesänge[64]. Honorius von Autun, ein Theologe des 12. Jahrhunderts, bezeichnete die Spielleute geradewegs als *ministri Satanae*, als Diener des Teufels. Berthold von Regensburg, der berühmte Volksprediger des 13. Jahrhunderts, nennt die Musikanten des *tiuvels blâsbelge*, Blasebälge, die sich zum Schüren des höllischen Feuers eignen. Ein ähnliches Denken verrät eine englische Darstellung des aufgesperrten Höllenrachens. Auf einem der Hörner des monströsen Gebildes lockt ein Dudelsackspieler zum Eintritt in den weit geöffneten Schlund. Von Savonarola, dem großen Bußprediger des sinnenfrohen Florenz, weiß man, daß er seine Zuhörer derart zu erschüttern vermochte, daß sie neben allem übrigen Luxus auch ihre Musikinstrumente dem Scheiterhaufen übergaben[65].

Der von kirchlicher Seite vorgetragenen Verteufelung des freien Spielmanns entsprach auch die damals geltende Rechtspraxis. Fahrende Sänger, Gaukler und Schauspieler galten als Personen minderen Rechts. Klagte ein Spielmann erfolgreich gegen einen ehrbaren Bürger, dann konnte es ihm passieren, daß ihm eine Entschädigung zugebilligt wurde, die lediglich aus einem Schlag gegen den Schatten seines Gegners bestand. Der bayerische Landfriede von 1256 verfügte ausdrücklich, daß Lotterpfaffen und Spielleute vom Frieden ausgeschlossen bleiben sollten[66]. Sie galten demnach als vogelfrei. Wer ihnen Schaden zufügte, blieb in der Regel ungeschoren und straffrei. Alle Verteufelungen und gesetzlichen Sanktionen blieben jedoch letztlich ohne eine tiefere Wirkung. Der verachtete Stand des fahrenden Spielmanns erfuhr in der Praxis nicht selten gerade von jenem Personenkreis Hilfe und Schutz, der offiziell die Theorie der Teufelsähnlichkeit zu vertreten hatte. Weltliche und geistliche Herren ließen sich nur allzu gern zum Zeitvertreib aufspielen. Wie wäre auch ein mittelalterliches Fest denkbar gewesen ohne die buntgemischte Schar von Gauklern, Possenreißern, Sängern und Musikanten. Mehr noch, die Spielleute fanden im späteren Mittelalter nicht selten eine feste Anstellung an geistlichen Fürstenhöfen. Kaum ein Bischof des 13. Jahrhunderts wollte auf die Annehmlichkeiten spielmännischer Unterhaltung verzichten, und manche Klosteroberen, von denen man eher eine asketische Ablehnung derart weltlicher Freuden erwarten würde, taten es den Bischöfen gleich[67]. Daß die Spielleute in der neuen geistlichen Umgebung ihr oft recht keckes Repertoire einer moralischen Reinigung unterzogen hätten, ist wohl auszuschließen und wäre auch sicher nicht im Sinn des geistlichen Dienstherrn gewesen. Spielleute dienten eben der Unterhaltung des Bischofs und nicht seiner geistlichen Erbauung. Dies gilt insbesondere auch für den Hof Leos X., des Renaissance-Papstes, der für die Gewissensnöte des Reformators Luther zunächst nur Worte wie »Mönchgezänk« übrig hatte. Von ihm ist überliefert, daß unter den

Dienstleuten seines Hofes sich gerade die Musikanten seiner besonderen Gunst erfreuten[68].

Der Blick in die Geschichte des Verhältnisses von fahrenden Musikanten und Kirche offenbart somit eklatante Widersprüche. Einerseits wurde man nicht müde, den Spielmann zu verteufeln, andererseits war man keineswegs abgeneigt, sich seiner zu bedienen, um sich mit amüsanter Unterhaltung die Zeit vertreiben zu lassen oder auch um ein Fest auszustatten. Diese innere Widersprüchlichkeit gilt es im Auge zu behalten, wenn man sich mit Bildern von musizierenden Schweinen beschäftigt. Wer nach einer klaren und gradlinigen Deutung sucht, dem wird es nicht schwerfallen, in jenen borstigen Musikanten die Laster der Schwelgerei und Ausschweifung dargestellt zu sehen[69]. Wie sollte es auch anders sein? Musikanten und Sänger, die von Ort zu Ort ziehen mit dem einzigen Ziel, ihr Publikum auf einfallsreiche Weise zu unterhalten und dabei ihr karges Budget aufzubessern, gelten beim sogenannten »anständigen Bürger« auch heute noch als suspekt. Derartige Vorbehalte hatte schon eine dem Kirchenvater Augustinus zugeschriebene Sentenz auf die einfache Formel gebracht: *Ubi stabilitas, ibi religio* (Wo stabile Lebensverhältnisse herrschen, dort kann die Religion gedeihen)[70]. Solche Voraussetzungen waren aber bei den fahrenden Spielleuten offensichtlich nicht gegeben, und daher, so glaubte man schließen zu dürfen, war es wohl auch um ihre Moral und ihr Glaubensleben schlecht bestellt. Welches Tier schließlich war geeigneter, den Sachverhalt bildlich zu veranschaulichen, als das bereits in der Bibel einschlägig vorbelastete Schwein. Bei genauerer Betrachtung der vielen Dudelsack, Harfe oder Flöte spielenden Borstenträger kommen einem jedoch Zweifel, ob die Bilder wirklich geeignet waren, eine ernstgemeinte Warnung vor der lasterhaften Lebensweise der Spielleute zu vermitteln, und ob nicht zumindest manchem der ausführenden Bildschnitzer der Schalk im Nacken saß.

Abb. 24 Betrachten wir z. B. die Dudelsackspielerin des Chorgestühls von Champeaux bei Paris. Können wir da ernstlich annehmen, daß ein Kleriker sich angesichts eines solchen Bildes erschüttert abwandte oder sich gar zur Besserung seines lasterhaften Lebens entschloß? Ist eine solche Reaktion denkbar bei den Dudelsackbläsern der Kathedralen von Beverley, Manchester oder Ripon[71]? Selbst bei den Schweinemusikanten im Chorgestühl von
Abb. 21 Winchester, einem Eber, der seiner Erwählten auf der Fiedel ein Ständchen bringt, zwei sich küssenden Schweinen und einer die Doppelflöte blasenden, die Ferkel säugenden Sau[72], wo eine Deutung auf das Laster der Unzucht eigentlich naheliegend wäre, selbst hier dürfte es fraglich sein, ob die Bilder den zeitgenössischen klerikalen Betrachter zur moralischen Besinnung anzuregen vermochten. Vielmehr ist anzunehmen, daß sich beim musizierenden

Schwein ein Bildmotiv, das ursprünglich durchaus moralische Konnotationen hatte, selbständig gemacht hat und zu einer eher amüsanten Groteske geworden ist. Die Sorgfalt, die Liebe zum Detail, ja die Innigkeit bei manchen dieser Bilder lassen vermuten, daß es dem Holzschnitzer nicht geringes Vergnügen bereitet haben muß, eine solche Szene zu gestalten. So scheint z. B. die Sau aus dem Chorgestühl von Champeaux ihr Ferkel, das sich in unwegsames Gelände verirrt hat, mit Dudelsackklängen zurücklocken zu wollen. Und die Sau aus der Kathedrale von Manchester spielt ihren Ferkeln zu einem höchst ordentlichen Reigen um den leeren Trog auf. Möglicherweise aufgrund einer gewissen Ähnlichkeit im Klang der erzeugten Laute erscheint in den Darstellungen besonders häufig der Dudelsack. Solche Bilder waren in allen Ländern des mittelalterlichen Europas recht populär. Die meisten von ihnen finden sich in England, doch auch Orte wie Kempen und Kalkar am Niederrhein, Breisach am Kaiserstuhl, Lausanne in der Schweiz, Champeaux und St. Martin aux Bois in der Region von Paris sowie Ciudad Rodrigo in Spanien können sich eines borstigen Dudelsackspielers rühmen.

Zusammenfassend ist festzuhalten, daß sich all diese musizierenden Schweine zwar durchaus im Sinn der theologischen Tradition als Repräsentanten bestimmter Laster deuten lassen, die Art der Ausführung jener Bildwerke jedoch eher beredtes Zeugnis davon gibt, daß es in der mittelalterlichen Kirche trotz mancher düsterer Warnungen vor Gericht und vor Höllenstrafen mehr zu lachen gab, als der heutige Zeitgenosse anzunehmen gewohnt ist.

8. Schweine in Sprichwortdarstellungen

Ebenso skurril wie die Schweinemusikanten erscheinen auch manche spätmittelalterliche Darstellungen von Sprichwörtern. Besonders in den Niederlanden bediente man sich gern des Bildes, um allerlei Volksweisheiten zu veranschaulichen. Berühmtestes Beispiel dürfte hier Pieter Brueghels des Älteren Gemälde der Sprichwörter sein. In mehreren Szenen spielt dabei das Schwein eine Rolle. Es sind dies:

1. Das bereits im ersten Kapitel genannte *Rozen voor de varkens strooien*, das dem biblischen Sprichwort *Perlen vor die Säue werfen* entspricht[73].
2. *Veel geschreeuw en wenig wol* (viel Geschrei und wenig Wolle). Der Sinn dürfte der gleiche sein wie beim Sprichwort *Es kreißten die Berge und gebaren ein Mäuslein.* Die bildliche Darstellung zeigt das Scheren eines Schweins, des Tieres also, von dem man das lauteste Geschrei und die schlechteste Wolle erwarten kann. *Abb. 29*

3. *Daar trekt de zeug de tap uit het vat* (Hier zieht die Sau den Zapfen aus dem Faß). Die deutsche Entsprechung läge etwa in der Redensart *Hier geht es drunter und drüber.* Die entsprechende Darstellung zeigt dann auch richtig eine Sau, die sich mitsamt Nachwuchs an ein Faß herangemacht hat[74].

Keine eigentlichen Laster sind es, die mit Hilfe des Schweins veranschaulicht werden. Vielmehr scheint sich das Stirnrunzeln und Naserümpfen des anständigen Bürgers angesichts unordentlich und töricht erscheinender Lebensverhältnisse Ausdruck verschafft zu haben. Die entsprechenden Bildtypen finden sich weit über die Niederlande hinaus, zum Beispiel in den Chorgestühlen der angrenzenden Gebiete, etwa des Rheinlands und Nordfrankreichs.

Eine andere skurrile Darstellung von Schweinen hat noch viel weitere Verbreitung erlangt, die spinnende Sau. Man begegnet ihr in vielen Chorgestühlen Europas, zum Beispiel in mehreren großen Kirchen der Niederlande, in der Stiftskirche von Kempen, im Stephansmünster in Breisach, in der Kathedrale von Burgos in Spanien, wie auch an einem spätmittelalterlichen Fachwerkhaus in Malestroit in der Bretagne. Auch eine Reihe von Mehrfarbdrucken aus dem 15. und 16. Jahrhundert hat sich dieses Motivs bedient. *Abb. 27* Die eigenartigen Bilder haben bisher jedoch keine überzeugende Deutung gefunden. Handelt es sich um die Darstellung einer Schwankerzählung, in der eine Dame sich eines zudringlichen Liebhabers nur dadurch erwehren konnte, daß sie Gott bat, sie in eine Sau zu verwandeln, wie Sillar und Meyler vermuten[75]? Liegt hier eine Anspielung auf die ärmlichen Verhältnisse in kinderreichen Familien vor, wo die Mutter auch während der Versorgung ihres Nachwuchses noch spinnen muß, um die Familie am Leben zu erhalten, wie Steppe andeutet[76]? Oder ist es ganz einfach eine spielerische Weiterentwicklung des Sprichworts vom Scheren des Schweins und der Schweinewolle? Hier wie bei vielen anderen spätmittelalterlichen Bildwerken wird eine überzeugende Erklärung kaum möglich sein.

9. Schweine in liturgischen Rollen

Das 12. Jahrhundert war die große Zeit der Kloster- und Kathedralschulen. Eine selbstbewußte Kirche ohne Scheuklappen verfügte über sämtliche Zugänge zu Bildung und Wissenschaft. Man studierte eifrig die alten heidnischen Autoren wie Ovid, Vergil und Horaz. Bernard von Chartres, einer der großen Lehrer der dortigen Kathedralschule, konnte von sich selbst und seinen Kollegen sagen: »Wir sind nur Zwerge auf den Schultern von Riesen.« Mit diesen Riesen meinte der gelehrte Kirchenmann durchaus nicht die alten christlichen Kirchenväter, sondern vielmehr die heidnischen Autoren Roms und Griechenlands, deren philosophische und poetische Qualitäten Maßstab des eigenen Schaffens sein sollten. In dieser freien, durch keine Berührungsängste beeinträchtigten Atmosphäre entstanden Werke wie die oben zitierten Lieder von Benediktbeuren.

Hier konnte es geschehen, daß Kleriker ihre eigene Kirche zum Gegenstand einer herzhaften Satire machten, ohne deswegen sogleich von der kirchlichen Obrigkeit zur Rechenschaft gezogen zu werden. Um ein solches Werk handelt es sich beim lateinischen Ysengrimus (1148/49), der frühesten epischen Fassung der Erzählungen um Isengrim, den Wolf, und Reineke, den Fuchs[77]. In dem Epos spielt auch eine Sau eine gewichtige Rolle. Es ist die *egregia sus Salaura*, die höchst respektable Salaura. Der Dichter hat ihren Auftritt für das letzte Buch seines Werkes aufgespart, für die große Konfrontation zwischen dem geschundenen, durch mancherlei listige Anschläge des Fuchses bis an den Rand der Verzweiflung gebrachten Wolf und der mächtigen Sau. Sie wird vorgestellt als Äbtissin des Sauordens mit 300 Nonnen als ihren Untergebenen. Isengrim dagegen erscheint in der Rolle eines Bischofs. Sein einziges Begehren sei es, der Äbtissin den ihr zustehenden christlichen Friedenskuß zu geben. Salaura dagegen, die die wahre Absicht des ausgehungerten Wolfbischofs durchschaut, besteht darauf, daß ein solcher Friedenskuß nur im Rahmen einer von ihr selbst zu zelebrierenden Meßliturgie erteilt werden könne. Damit auch die zur feierlichen, gesungenen Messe notwendige Gemeinde zugegen sei, möge er sogleich die Glocken läuten. Damit bietet Salaura ihrem Gegner ihr großes Ohr als Glockenseil an. Hocherfreut beißt Isengrim gleich hinein, mit dem Erfolg, daß Salaura ein Gekreisch anstimmt, das, wie der Dichter versichert, fünf Quinten über ihrer normalen Gesangslage liegt. Der Wolf, offensichtlich etwas verwirrt, bittet Salaura, ihre Stimme zu senken. Dafür liefert ihm die Sau eine ausführliche Erläuterung ihres Gesangs und erklärt dabei auch die Intervalle und Tonarten des jetzt zu erwartenden Sauchors. Wir erfahren, daß Salauras Schwester Becca eine Quinte tiefer singt als sie selbst, während ihre Schwester Sonoche mit ihrer Stimme noch eine Quarte unter Becca liegt. Die tiefste Stimme, eine Oktave unter Becca, wird von Salauras Urenkel, dem Eber Baltero, bestritten. Während der Erklärungen hat sich die herbeigeläutete Gemeinde, ein Rudel von 66 wütenden Wildschweinen, herangenaht und drängt stampfend und schnaubend in die Szene. Isengrim möchte sich nun gern von dieser Meßfeier zurückziehen. Salaura aber nötigt ihn zu bleiben, da die eigentliche Liturgie mit ihren vielen Gesängen und dem zu erwartenden Friedenskuß noch gar nicht begonnen habe. Kaum hat die Sau ihre Rede beendet, als auch schon der Eber Cono ihm den ersten »Friedenskuß« in Gestalt eines kräftigen Bisses in sein Hinterteil gibt. Auf den Protest Isengrims folgt sogleich die Epistel, ein weiterer Biß in seine Rückseite. Dann

fordert Cono den Chor auf, gemäß der liturgischen Ordnung nun allesamt das Alleluja anzustimmen. Dies geschieht auch, indem sich das ganze Wild-
Abb. 12 schweinrudel auf den unglücklichen Wolf stürzt und vor lauter Gedränge kaum zum Beißen kommt. Das makabre liturgische Spiel wird fortgesetzt, bis der Wolfbischof schließlich mit Haut und Haaren aufgefressen ist. Eine Leichenprozession für den Verstorbenen, so sagt Salaura, erübrige sich, da jener Prälat bereits auf das würdigste bestattet sei, nämlich in 66 Schreinen (d. h. 66 Wildschweinbäuchen), die seinem Andenken zur Ehre gereichen würden.

Sympathische Gestalten sind sie wahrhaftig nicht, weder der Wolfbischof Isengrim noch die Sauäbtissin Salaura. Ein ganzer Katalog von Lastern und Todsünden ließe sich beiden Seiten zuweisen, vor allem Habsucht, Zorn, Gier und Völlerei. Bedeutsam ist, daß die Gestalten als Repräsentanten kirchlicher Hierarchie vorgestellt werden. Die beißende, manchmal geradezu zynische Satire richtet sich gegen Vertreter des Klerus, also gegen die Gruppe, zu der auch der Autor gehört. Derartiges sollte sich in den kommenden Jahrhunderten nicht mehr wiederholen. In einer mehr und mehr in die Defensive gedrängten Kirche konnte, wie es scheint, eine derartig freizügige und dabei höchst poetisch gestaltete Kritik nicht mehr gedeihen. Niemals mehr hat die Dichtkunst eine derart temperamentvolle und dabei höchst gebildete und redegewandte Wildsau hervorgebracht wie die große Salaura. Der übrige, im lateinischen Ysengrimus verarbeitete Stoff sollte allerdings weiterleben in vielen volkssprachlichen Fassungen. Die wichtigste davon ist der französische »Roman de Renart«, dessen früheste Stücke etwa gleichzeitig mit dem lateinischen Epos entstanden. Eine Wildsau begegnet hier nicht, wohl aber ein Wildeber, der allerdings nur eine untergeordnete Rolle spielt. Er gehört zu den Baronen am Hof des Löwenkönigs. Sein Name ist Baucent, was zu übersetzen wäre als »der mit den braunen Streifen«. Seine Hauptaufgabe besteht darin, den König zu beraten und ihm gegebenfalls beizupflichten.

In den Illustrationen zum »Roman de Renart« wird ihm jedoch gelegentlich noch eine andere Rolle zugeschrieben. Es handelt sich dabei um die Szene, wo Renart, der Fuchs, sich tot stellt. Die Tiere am Hof des Löwenkönigs sind über den vermeintlichen Tod des listigen Unholds hoch erfreut und veranstalten sogleich eine Leichenprozession, um sein Begräbnis zu feiern. Bei dieser Zeremonie springt dann der Totgeglaubte plötzlich von der Bahre, greift sich die Henne und macht sich davon. Weil der Wildeber aufgrund seiner natürlichen Anlagen besonders befähigt scheint, den Boden aufzugraben, hat man ihm hier die Rolle des Totengräbers zugedacht. Dazu haben ihn die Illustratoren gelegentlich sogar mit Hacke oder Spaten ausgestattet. Ein besonders eindrucksvolles Beispiel eines derartigen Leichenzugs bieten einige

Randillustrationen einer jetzt in Boston befindlichen englischen Psalterhandschrift aus dem frühen 14. Jahrhundert[78].

Die Szene wurde auch in der Bauplastik mehrfach dargestellt. Die meisten Beispiele sind jedoch verlorengegangen und nur aus Holzschnitten, Zeichnungen und schriftlichen Zeugnissen erschließbar. Ein außerordentlich interessantes Exemplar konnte man bis zum Jahre 1685 im Straßburger Münster bestaunen: zwei Kapitelle aus dem Triforium. Eines davon zeigte den Leichenzug. Ausgestattet mit Weihwasserkessel und Wedel ging der Bär der Prozession voran. Es folgten der Wolf mit Kruzifix und der Hase mit Kerze. Die Bahre mit dem sich tot stellenden Fuchs wurde von Eber und Ziege getragen. Unter der Bahre hockte ein affengesichtiger Hund. Das andere Kapitell zeigte die Totenmesse für den Fuchs. Vor dem mit Kelch und Meßbuch ausgestatteten Altar wirkte ein Hirsch als Zelebrant. Hinter ihm sang ein Esel aus einem Folianten, der ihm von einer Katze dargeboten wurde. *Abb. 26*

Es kann kein Zweifel bestehen, daß jene aus dem 13. Jahrhundert stammenden Kapitelle von einer frühen Fassung der Geschichten um Reinhart Fuchs angeregt waren. Im Jahrhundert der Reformation wurden sie jedoch zu Steinen des Anstoßes. Die verfeindeten Gruppen sahen in den Tiergestalten die jeweils andere Konfession verspottet. So behauptet der protestantische Dichter Johannes Fischart in einer poetischen Deutung der Skulpturen, daß rechtschaffene Handwerker zu einer Zeit, als noch »Roemisch Mißbraeuch« im Schwange waren, diese Bilder in Stein gehauen hätten, um die Lächerlichkeit der römischen Liturgie zu veranschaulichen. Fischarts Deutung des Schweins und des Ziegenbocks läßt dabei an Deutlichkeit nichts zu wünschen übrig:

> Nun diß Roemisch Fuchß Heuchelthumb
> Tragen zween sauber Gsellen umb/
> Ein wuest Sau und ein stinckend Bock/
> Ist immer schad umb den Chorrock.
> Die Sau zeigt an die Epicurer/
> Die Pfruendsaeu/Mastschwein/Bauchknecht/Hurer/
> ...
> Der Bock deut die hoch Geistlichkeit/
> Mit der stinckenden Fleischlichkeit/
> In ihren zweyhoernigen Hueten/
> Die wie stolz Boeck in der Herd wueten/.

Dies ließ natürlich die katholische Seite nicht ruhen, und im Jahr 1588 erschien ein Flugblatt mit Versen eines gewissen Johann Nas, das nun seinerseits protestantische Mißbräuche in den Tieren verkörpert sah. Auf dem Flugblatt fand sich auch der hier wiedergegebene Holzschnitt[79]. Knapp drei Jahrzehnte später zitiert die von dem Straßburger Bürger Schadaeus erstellte erste Beschreibung des Münsters beide Pamphlete und gibt dabei der von Fischart vertretenen Meinung den Vorzug[80]. Die Erläuterungen von Schadaeus werden illustriert durch einen weiteren Holzschnitt von den betreffenden Szenen. Nachdem die Bilder von der Leichenprozession des Fuchses derart ins Gerede gekommen waren, kann es nicht verwundern, daß sie die katholische Seite schließlich, um dem Ärgernis ein Ende zu bereiten, einfach abmeißeln ließ. Somit wurden jene Zeugnisse für Witz und Toleranz in der hochmittelalterlichen Kirche letztlich ein Opfer kleinlicher, interkonfessioneller Zwietracht.

Das Thema der Leichenprozession der Tiere lebte in abgewandelter Form weiter. Auf der Bahre liegt jedoch nicht mehr der scheintote Fuchs, sondern ein wirklich toter menschlicher Jäger. Ein in der zweiten Hälfte des 19. Jahrhunderts entstandener kolorierter Druck aus Weißenburg im Elsaß läßt den *Abb. 25* Sarg des Jägers von vier Hirschen tragen. Darüber flattern verschiedene große Vögel, die eine Banderole mit einer französisch-deutschen Beschriftung tragen. Der Text lautet: *Bien pour lui et mieux pour nous * Ihm ist wohl und uns ist besser.* Der borstige Totengräber trägt hier einen Spaten. An der Spitze des Zuges schreitet der Fuchs, der ein überdimensionales Gesangbuch trägt. Als »Trauerlied« hat er einen für diesen Anlaß sehr geeigneten Choral ausgewählt: »Nun ruhen alle Wälder«. Populär wurde dieses Bildthema vor allem durch eine Graphik von Moritz von Schwind[81], die später den Komponisten Gustav Mahler zur Gestaltung des 3. Satzes seiner 1. Symphonie inspirierte.

10. Jesus, das tapfere Wildschwein. Positive Schweine im kirchlichen Raum

Über das Schwein in der Kirche gibt es scheinbar nicht viel Gutes zu berichten. Realistischen Darstellungen des Haus- und Wildtieres stehen auf der einen Seite Schweine mit düsterem Symbolgehalt, auf der anderen recht derbe Grotesken mit Reitern und Dudelsäcken gegenüber. Es wäre ein leichtes, den meist negativen Bildern entsprechend viele Zeugnisse aus der theologischen und moralsatirischen Literatur an die Seite zu stellen. Dennoch hat die durch die vorchristliche Tradition bedingte positive Wertung des wilden Schweins auch in dieser Literatur ihre Spuren hinterlassen. Die Eigenart der Wildschweine, bei Gefahr einander zu Hilfe zu eilen, hat Hugo von Trimberg, einen Autor des späten 13. Jahrhunderts, zu der Bemerkung veranlaßt: »Pfaffen und münche sölten sîn Gehülfic ein ander als diu swîn«[82]. Welt- und Ordensgeistliche sollen sich gegenseitig behilflich sein wie die Wildschweine.

Die Erfahrung, daß ein gestellter Keiler trotz einer vorausgehenden, ermüdenden Hetzjagd todesmutig den Entscheidungskampf aufnimmt, hat einen uns unbekannten Dominikaner zu einer spirituellen Auslegung veranlaßt. Der Keiler steht hier für den mit den Mächten der Welt kämpfenden, glaubensstarken Menschen, der trotz der Schwäche des Fleisches mit festem Herzen den Kampf mit dem Bösen aufnimmt[83].

Den wohl gewagtesten Vergleich hat der mittelhochdeutsche Autor Brun von Schönebeck angestellt, wenn er von Jesus spricht:

her was rechte sunder hone
also ein wilt eber kone,
her ginc durch uns in den tot,
als ein eber in den spiz tot,
wen her kumet zu gevilde[84].

Er war ganz ohne Tadel wie ein kühner wilder Eber. Er ging um unseretwillen in den Tod wie ein Eber in den Spieß rennt, wenn er auf den Kampfplatz kommt.

In der im 14. Jahrhundert im österreichischen Kloster Lilienfeld entstandenen Concordantia Caritatis, einer reich bebilderten Sammlung von typologischen Vergleichen alt- und neutestamentlicher Schriftstellen, angereichert durch typologisch gedeutete Naturvorgänge, finden wir auf der Seite der Gefangennahme Jesu ganz im Sinn jenes Gedichts das Einfangen eines Wildebers mit Hilfe des Sauspießes dargestellt[85].

Abgesehen vom Beharrungsvermögen der alten heidnisch-germanischen Auffassung vom wilden Schwein können die Beispiele auch die Gültigkeit einer wichtigen Interpretationsregel für mittelalterliche Tierbilder belegen. Kein Tier ist durch seine reale, äußere Erscheinung von vornherein festgelegt auf eine bestimmte negative oder positive Auslegung. Auch ein durch die exegetische Tradition so negativ belastetes Tier wie das wilde Schwein kann unter Umständen zum Bild des gläubigen Christen oder gar zum Bild des Erlösers selber werden.

Das am meisten mißverstandene Schwein ist das Attribut des hl. Einsiedlers Antonius. Sehr oft wird es als Verkörperung des Teufels verkannt, der dem Heiligen in seiner Einsamkeit oft arg zugesetzt habe. In der Tat kann die Bildtradition des Schweins, wie vorher gezeigt wurde, ein solches Mißverständnis durchaus begünstigen. Eine genauere Überprüfung der Herkunft des Attributs des hl. Antonius führt jedoch in eine ganz andere Richtung. So hat eine gründliche Untersuchung zur Entstehung des Antoniuskultes, insbesondere in Westfalen[86], nachgewiesen, daß der hl. Antonius als einer der 14 Nothelfer vor allem zu Pestzeiten angerufen wurde. Schon im hohen Mittelalter gab es den Hospitalorden der Antonier, dessen Bedeutung sich gerade im 14. Jahrhundert in der Zeit der großen Pest noch steigern sollte. Besonders wirksam, so glaubte man, war die Anrufung des Heiligen bei einer bestimmten Form der Pest, die mit feurig roten Schwellungen an Armen und Beinen

begann und volkstümlich Antoniusfeuer genannt wurde. Berücksichtigt man, welch wichtige Rolle die Schweinehaltung im Leben der mittelalterlichen Landbevölkerung spielte, dann ist leicht verständlich, daß jener Heilige auch beim gefürchteten Schweinerotlauf angerufen wurde, zumal die feurig roten Flecken der erkrankten Tiere durchaus an das berüchtigte Antoniusfeuer erinnerten. Seit dem Ende des Pestjahrhunderts finden sich auch Abbildungen
Abb. 32 des Heiligen mit einem Schwein an seiner Seite. Dieses Schwein erscheint keinesfalls drohend, sondern schaut vielmehr hilfesuchend zu ihm auf. In einer Oxforder Handschrift aus dem 15. Jahrhundert findet sich eine sehr überzeugende Darstellung des hilfsbedürftigen Schweins. Hier versucht das Tier, sich aus lodernden, roten Flammen, eben dem Antoniusfeuer, in den Schutz des Heiligen zu flüchten. Daß bei diesem Schwein keineswegs an eine Repräsentation des Bösen gedacht sein kann, geht auch aus einem jetzt im Westfälischen Landesmuseum Münster befindlichen Antoniusaltar des 15. Jahrhunderts
Abb. 33 hervor. Während der Heilige ein Teufelsmonstrum unter seinen Füßen zertritt, schaut ein Ferkel vertrauensvoll zu ihm auf[87].

Das bekannte Attribut des Heiligen zeigt jedoch noch andere Komponenten. In manchen Fällen nämlich trägt das Schwein eine Glocke um den Hals. Sie spielt auf verschiedene, mit dem Antonierorden und dem Antoniuskult zusammenhängende Bräuche an. So führten die wandernden Antoniusbrüder z. B. einen wie ein großes T gestalteten Stab mit, an dem auch eine Glocke befestigt war. An diesem Zeichen waren die Brüder zu erkennen, wenn sie von den Gläubigen Spenden für ihre Aufgaben sammelten. Nun entwickelte sich im späten Mittelalter, wohl im Zusammenhang mit dem Hospital- und Pestpatronat des hl. Antonius, der Brauch, ein mit einem Glöckchen ausgestattetes Schwein frei im Dorf herumlaufen zu lassen und ihm zu gestatten, von Haus zu Haus sein Futter zu suchen. Es zu vertreiben oder gar zu verletzen, galt als schweres Vergehen. Am Vorabend des Antoniustages (17. Januar) wurde es geschlachtet und sein Fleisch an die Armen verteilt. An den Brauch erinnern viele spätmittelalterliche Darstellungen eines einzelnen Schweins mit Glocke. Wo immer ein solches Bild im kirchlichen Bereich auftaucht, ist keineswegs an irgendwelche Laster zu denken, sondern an den Gemeinsinn der mittelalterlichen Bevölkerung, die im Zeichen des hl. Antonius Solidarität mit den Armen üben wollte.

Eine in Mittelmeerländern überlieferte Legende erzählt gar davon, wie das Schwein dem hl. Antonius dabei half, den frierenden Menschen aus der Hölle wärmendes Feuer zu beschaffen. Als der Heilige am Höllentor Einlaß begehrte, wurde ihm eröffnet, nur das Schwein könne man hereinlassen, er selbst aber habe als Heiliger an diesem Ort nichts zu suchen. Dabei hatten sich die Teufel jedoch verrechnet, denn der borstige Begleiter des Heiligen begann unverzüglich damit, in der Hölle größtes Unheil anzurichten und alles durcheinander zu bringen. Die hierdurch mächtig eingeschüchterten Teufel sollen eilends den Heiligen zu Hilfe gerufen haben, damit er dem Treiben seines Schweins Einhalt gebiete. Bei dieser Gelegenheit gelang es dem hl. Antonius dann auch, ein glühendes Holzstück aus der Hölle herauszuschmuggeln, zur großen Freude der vor Kälte zitternden Erdenbewohner. Volkstümliche Erzählkunst hat hier in gewisser Weise das überlieferte Negativbild des Schweins ins genaue Gegenteil verkehrt. Der grimmige Zerstörer von Gottes Weinberg bedroht in diesem Fall auf der Seite des Heiligen die Hölle selbst mit der Zerstörung[88].

ANMERKUNGEN

1 Vgl. J. C. Webster, The Labors of the Months in Antique and Medieval Art to the Twelfth Century, New York 1970; Porci e Porcari nel Medioevo (Katalog zu einer Ausstellung des Museo della Civiltà Contadina, San Marino di Bentivoglio), Bologna 1981.
2 J. Sauer, Die Symbolik des Kirchengebäudes, Freiburg 1898.
3 Das Kapitell gehört jetzt unter der Inventar-Nr. K 130 zum Bestand des Kölner Schnütgen-Museums. In diesem Museum befindet sich noch ein weiteres Kapitell mit der Darstellung eines säugenden Mutterschweins, das ebenfalls der Kirche St. Severin entstammt und auf das Jahr 1100 datiert wird (Inventar-Nr. A 41).
4 Abgebildet bei I. Shachar, The »Judensau«. A Medieval Anti-Jewish Motif and its History, London 1974, Tafel Ia u. b.
5 Die ausführlichste Studie wurde erstellt von A. M. Koeniger, Die Rätsel des romanischen Pfarrhoftores in Remagen, München-Pasing 1947.
6 Abbildung bei F. Grice, The Misericords of Worcester Cathedral, Worcester o. J., S. 3.
7 Abbildung bei B. von Tierschowitz, Das Chorgestühl des Kölner Doms, Marburg 1930.
8 Shachar, The »Judensau« (wie Anm. 4).
9 Vgl. ebd., S. 13.
10 Vgl. G. Kisch, Jewry Law in Medieval Germany, New York 1949, S. 51.
11 Eine kurze sehr instruktive Darstellung dieser Methode bietet Ohly, Vom geistigen Sinn des Wortes (wie Anm. I,6).
12 Vgl. hierzu W. Seiferth, Synagoge und Kirche im Mittelalter, München 1964.
13 Vgl. B. Blumenkranz, Juifs et chrétiens dans le monde occidental, 430–1096, Paris 1960.
14 Vgl. W. Keller, Und wurden zerstreut unter alle Völker, München 1966, S. 129 f., S. 153 ff.; G. Kisch, Forschungen zur Rechts- und Sozialgeschichte der Juden in Deutschland während des Mittelalters, Sigmaringen 1978^2, S. 68 ff., 86 ff.
15 Vgl. J. Trachtenberg, The Devil and the Jews, New York 1966^2, S. 17 ff.

16 Nach A. Lukyn, Adversus Judaeos, A Bird's-Eye View of Christian *Apologiae* until the Renaissance, Cambridge 1935, S. 387.
17 In: Patrologia Graeca, Bd. 48, Sp. 843–942 (Acht Predigten gegen die Juden, hier insbes. IV,2 und VI,6–7).
18 Vgl. J. Trachtenberg (wie Anm. 15), S. 21.
19 Vgl. ebd.
20 Vgl. D. Strumpf, Die Juden in der mittelalterlichen Mysterien-, Mirakel- und Moralitäten-Dichtung Frankreichs, Ladenburg a. N., 1920, S. 6.
21 Ebd., S. 21 u. 30.
22 Vgl. Heinrich v. Neustadt, Gottes Zukunft, hrsg. von S. Singer, Berlin 1906, V. 2498 ff.
23 Vgl. Kap. I, Anm. 10.
24 Vgl. Kap. I, Anm. 9.
25 Abgebildet bei Seiferth, Synagoge und Kirche im Mittelalter (wie Anm. 12), Tafeln 35–37.
26 Abgebildet bei Shachar, The »Judensau« (wie Anm. 4), Tafel 15.
27 M. Bulard, Le scorpion symbole du peuple juif dans l'art religieux des XIVe, XVe, XVIe siècles, Paris 1935.
28 Z. B. Vinzenz v. Beauvais, Speculum Naturale (wie Anm. I,31), Sp. 1548 f.; Bartholdomaeus, De rerum proprietatibus (wie Anm. I,5), S. 1113 f.
29 Vgl. Hrabanus, De rerum naturis (wie Anm. I,2), PL 111, Sp. 233 f.
30 Vgl. Kap. I, S. 18.
31 Augustinus, Enarratio in Psalmum XVI, CC 38, S. 93 f. Hieronymus, Commentariolus in Psalmum XVI, CC 72, S. 195.
32 Vgl. W. Keller, Und wurden zerstreut unter alle Völker, München 1966, S. 244 f. und 269 f.
33 Abgebildet bei Shachar, The »Judensau« (wie Anm. 4), Tafel 5.
34 Augustinus, Enarrationes in Psalmos, CC XXXVIII, S. 931.
35 Martin Luthers Werke, Weimarer Ausgabe, Bd. 53, S. 600.
36 Gregorii Magni Dialogorum Liber III, PL 77, Sp. 288 f.
37 Victor Vitalis, liber II de Persecutione Vandalorum, zit. in PL 77, Sp. 288.
38 Vgl. Nikolaus Thon, Quellenbuch zur Geschichte der orthodoxen Kirche, Trier 1983, S. 204.
39 Vgl. W. Berschin, Bonizo von Sutri, Berlin 1972, S. 110.
40 Textausgabe in: MGH, LdL I, S. 620.
41 Bruno Astensis, Expositio in Psalmos, PL 164, Sp. 1012 C.
42 Gerhoch v. Reichersberg, Expositiones in Psalmos, PL 194, Sp. 495 Bf. Pseudo-Haimo v. Halberstadt, Explanatio in Psalmos, PL 116, Sp. 473 D; zur Verfasserschaft vgl. F. Brunhölzl, Geschichte der lateinischen Literatur des Mittelalters.
43 Deutscher Text bei R. Bainton, Martin Luther, Göttingen 1958^{2}, S. 119 ff.
44 Diese Schrift wurde 1717 von einem Anonymus nachgedruckt, der bereits auf dem Titelblatt die Identifizierung von Luther mit dem Wildschwein herstellte (vgl. Speckenbach, Der Eber in der deutschen Literatur des Mittelalters [wie Anm. I,41], S. 448, Anm. 31).
45 Abgebildet in: Die Sammlung der Herzog August Bibliothek in Wolfenbüttel, hrsg. von W. Harms, München 1980, S. 39.
46 Abgebildet bei Shachar, The »Judensau« (wie Anm. 4), Tafel 46b.
47 Herrad v. Landsberg, Hortus deliciarum, hrsg. von R. Green u. a. London 1979 (besonders Tafel 119, fol. 203r).

48 Lat. Text in CCCM 23 A, S. 579.
49 Abgebildet in CCCM 23 A.
50 UB Heidelberg, Codex Salem X,16.
51 Cambridge University Ms. Mm. 5.31 f. 115v.; zum Nachleben gerade dieser Vision vgl. F. JÜRGENSMEIER, St. Hildegard. »Prophetissa Teutonica«, in Festschrift Hildegard v. Bingen, hrsg. von A. Ph. Brück, Mainz 1979, S. 273–293.
52 S. Anm. 4.
53 Abbildungen bei E. MÂLE, L'art religieux de la Fin du Moyen Age en France, Paris 1925, S. 329 ff.
54 Abgebildet bei SILLAR/MEYLER, The Symbolic Pig (wie Anm. I,29), Tafel 14,1.
55 Abbildung in der Sammlung: Primitive Holzschnitte, Einzelbilder des XV. Jahrhunderts, Straßburg 1913, Tafel 52.
56 Oxford Bodleian, Ms. Laud. Misc. 302, fol. 123r.
57 BL, Ms. Stowe 17/81v. u. 82v.
58 Abbildungen bei SILLAR/MEYLER, The Symbolic Pig (wie Anm. I,29), Tafel 12,1.
59 BL, Ms. Sloane 748, 82v.
60 R. HAMMERSTEIN, Diabolus in Musica. Studien zur Ikonographie der Musik im Mittelalter, München 1974.
61 Zu dem Motiv vgl. W. STAUDER, Asinus ad lyram, in: FS für Helmuth Osthoff, Tutzing 1969, S. 25–32.
62 Vgl. BERTHOLD v. REGENSBURG, ed. F. PFEIFFER, I, Wien 1862, S. 155 ff.
63 Eine ausführliche Darstellung dieses Problems bei W. SALMEN, Der fahrende Musiker im europäischen Mittelalter, Kassel 1960, S. 61–90.
64 Abbildungen bei SILLAR/MEYLER, The Symbolic Pig (wie Anm. I,29), Tafeln 9 u. 12,1.
65 Abbildungen ebd., Tafeln 10 u. 11,3.
66 Vgl. ebd., Appendix I u. II.
67 Vgl. SALMEN (wie Anm. 63), S. 73.
68 Ebd.
69 Vgl. z. b. HAMMERSTEIN (wie Anm. 60), S. 64 ff.
70 Zitiert bei SALMEN (wie Anm. 63), S. 62.
71 Abbildungen bei SILLAR/MEYLER, The Symbolic Pig (wie Anm. I,29), Tafeln 9, 21/1 und 16.
72 Ebd., Tafeln 10 u. 11,3.
73 Vgl. S. 19.
74 Vgl. D. KUNZLE, Peter Bruegel's Proverb Painting (wie Anm. I,28); J. K. STEPPE, Wereld van Vroomheid en Satire, Laat-gotische Koorbanken in Vlaanderen (wie Anm. I,29), S. 184 u. 236 f.
75 SILLAR/MEYLER, The Symbolic Pig (wie Anm. I,29), S. 138.
76 STEPPE, Wereld van Vroomheid en Satire, Laat-gotische Koorbanken in Vlaanderen (wie Anm. I,29), S. 237.
77 Textausgabe von E. VOIGT, Halle, 1884 deutsch von A. Schönfelder, Münster/Köln, 1955.
78 Abbildung bei HAMMERSTEIN, Diabolus in Musica (wie Anm. 60), Tafel 93.
79 Text und Bild sind wiedergegeben in: Die Sammlung der Herzog August Bibliothek in Wolfenbüttel, a. a. O., S. 88 f.
80 SCHADAEUS, Das Münster zu Straßburg, 1617.
81 Abbildung bei O. WEIGMANN, Moritz v. Schwind: Des Meisters Werke in 1265 Abbildungen, Stuttgart 1906, S. 296.

82 HUGO VON TRIMBERG, Der Renner, V. 3047f.

83 Vgl. Kap. I, S. 15f.

84 Textausgabe von A. FISCHER, Tübingen 1893.

85 Eine ausführliche Übersicht liefert Alfred A. SCHMID in seinem Beitrag »Concordantia Caritatis« in: Reallexikon zur deutschen Kunstgeschichte, III. Bd., Stuttgart 1954, Sp. 833–853.

86 G. KORTE, Antonius der Einsiedler, Werl 1952.

87 Westfälisches Landesmuseum für Kunst und Kulturgeschichte, Münster, Inventar-Nr. C 851.

88 Text in der Sammlung »Inselmärchen des Mittelmeers«, hrsg. von F. Karlinger, Diederichs/Düsseldorf-Köln, 1960.

1 Wildeber im Bestiar Ms. Ashmole 1511 der Bodleian Library, Oxford, um 1200

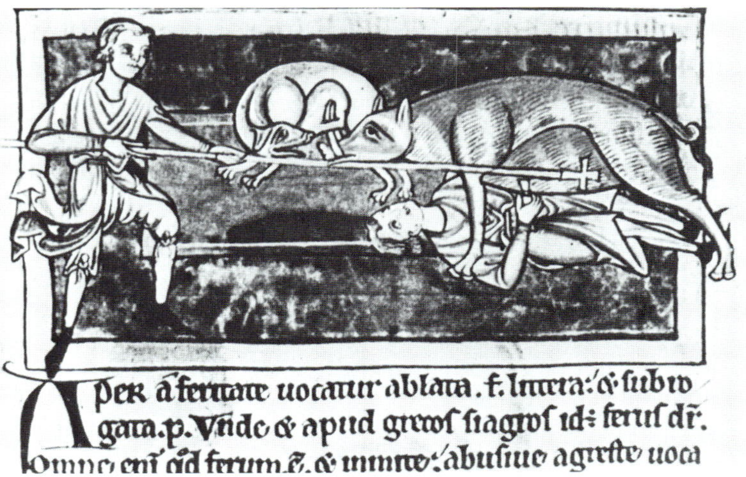

2 Erlegen des Wildebers im Bestiar Ms. Harley 4751 der British Library, London, frühes 13. Jahrhundert

5 Gallisch-römischer Bronzeeber
aus Neuvy-en-Sullias/Loiret

3 Stanzbleche mit Eberhelmen
aus Torslunda/Schweden, 6. Jahrhundert

4 Silberphalere eines Pferdegeschirrs
aus einem alemannischen Fürstengrab
bei Ittenheim im Elsaß, 7. Jahrhundert

6 Wildeber als Reittier des römischen Kaisers,
Fresko aus der Friedhofskirche in Hartberg/Steiermark, um 1220

7 Wildeber als Wappentier des Diepold von Schweinspoint im Codex 120/II, fol. 130r, der Berner Bürgerbibliothek, Ende 12. Jahrhundert

130

8 Kalenderinitialen eines Salemer Breviers mit Eichelmast und Schlachtung, 1288 (Ms. UB Heidelberg, Salem IX,51, fol. 6v–7r)

9 Eichelmast. Ripple/Worcestershire, St. Mary, Mitte 15. Jahrhundert

10 Schlachtung. Miserikordie in der Kathedrale von Bristol, 1520

11 Kapitell aus Köln, St. Severin (jetzt im Schnütgen-Museum), frühes 12. Jahrhundert

12 Sau und Ferkel in einem englischen Bestiar (British Library, Ms. Harley 4751, fol. 20r, frühes 13. Jahrhundert)

13 Judensau. Holzschnitt aus einem Blockbuch des 15. Jahrhunderts

14 Judensau. Wasserspeier an der Wimpfener Stiftskirche, spätes 13. Jahrhundert

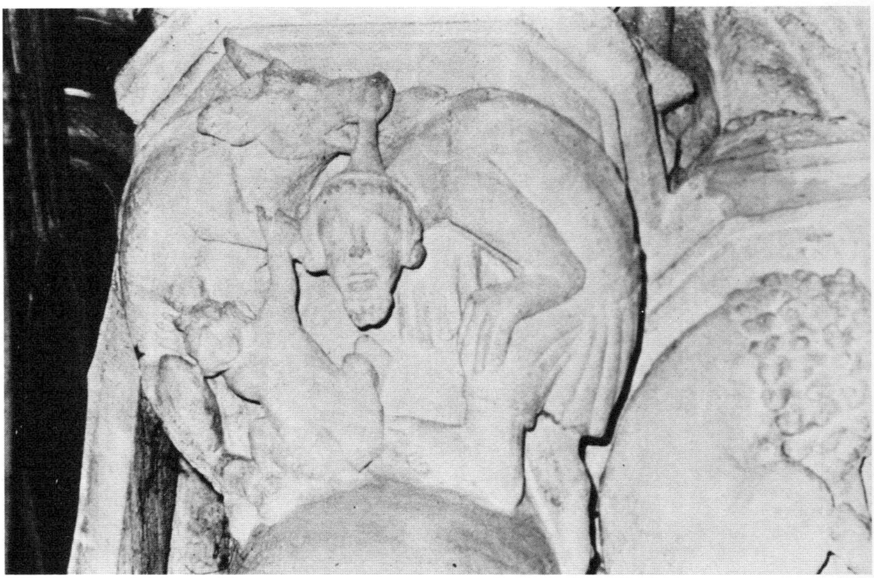

15 Judensau. Konsole im Chorraum des Xantener Doms, um 1265

16 Allegorie des Zorns. Miserikordie in der Kathedrale von Norwich, 1480

17 Allegorie der Völlerei. Miserikordie in der Kathedrale von Norwich, 1480

18 Frankfurter Judensau. Abbildung eines Wandgemäldes vom ehemaligen Brückenturm (spätes 15. Jahrhundert) auf einem Kupferstich des 18. Jahrhunderts

19 Antilutherisches Flugblatt von 1569. Schwein mit Lutherkopf und Sau mit Sachsenhut dringen in Kirche (Weinberg des Herrn) ein

20 Niederländisches Spottbild auf Bischof Christoph Bernhard von Galen, 1665

1569
FIN

21 Schweinemusikanten. Miserikordie in der Kathedrale von Winchester

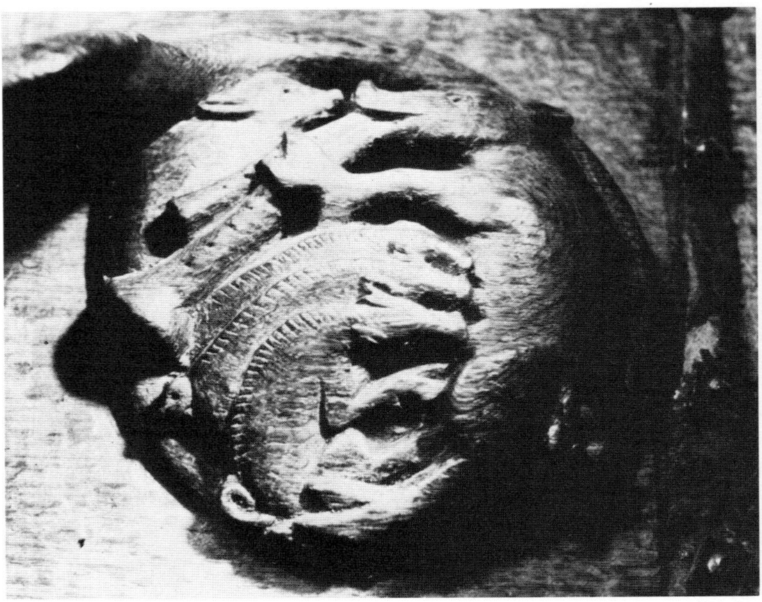

22 Randzeichnung in einer Aristoteleshandschrift des 14. Jahrhunderts (British Library, Ms. Sloane 748, fol. 82v)

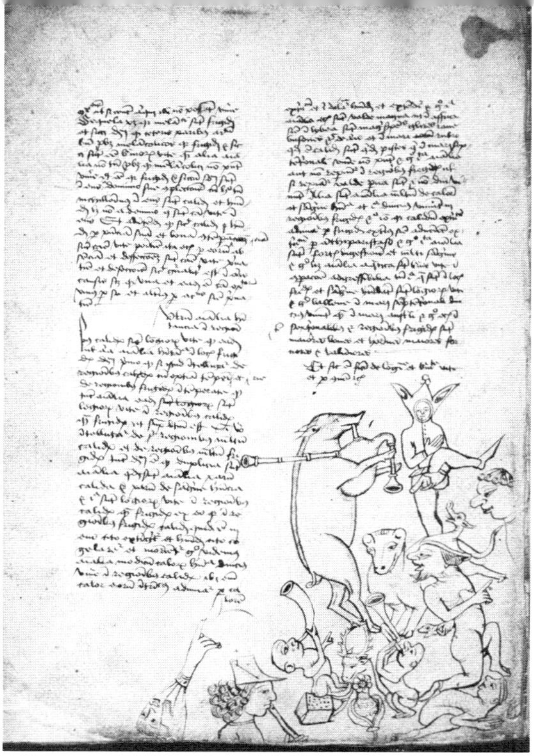

23 Detail einer Miserikordie im Münster von Beverley, 1520

24 Miserikordie in der Collegiatskirche von Champeaux/Seine-et-Marne, frühes 16. Jahrhundert

25 Leichenzug des Jägers. Kolorierter Druck aus Weißenburg, 2. Hälfte 19. Jahrhundert (Privatbesitz)

26 Leichenzug des Fuchses. Abbildung der ehemaligen Kapitelle im Triforium des Straßburger Münsters auf einem antilutherischen Flugblatt des Jahres 1588

27 Schweine bei der Wollverarbeitung. Niederländischer Druck aus dem 16. Jahrhundert

◁ 28 Perlen vor die Säue werfen. Miserikordie in der Stiftskirche von Kempen/Rheinland, 15. Jahrhundert.

29 Viel Geschrei und wenig Wolle. Miserikordie in der Minoritenkirche von Kleve/Niederrhein, 1474

30 Illustration des Kapitels zur Schweinezucht in: Petrus De Crescentiis zu teutsch mit figuren, Straßburg 1493

31 Miserikordie in der Kathedrale von Worcester, 1397

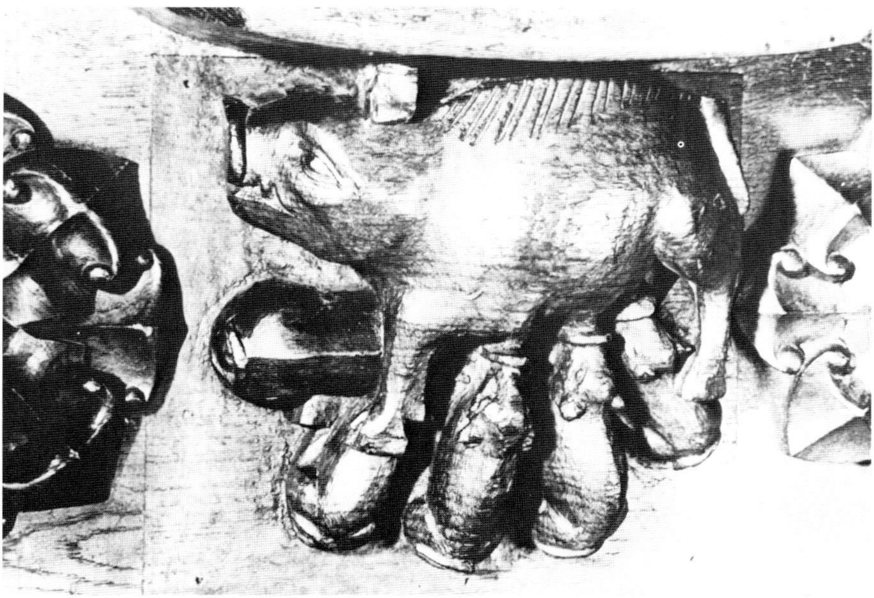

32 St. Antonius besucht den Einsiedler Paulus. Illustration eines Drucks der Goldenen Legende aus dem Jahre 1477 (Bibliothek des Klosters Neustift bei Brixen)

33 Antoniusschwein tritt auf Teufel. Detail eines Antoniusaltars aus dem 15. Jahrhundert (Westfälisches Landesmuseum in Münster)

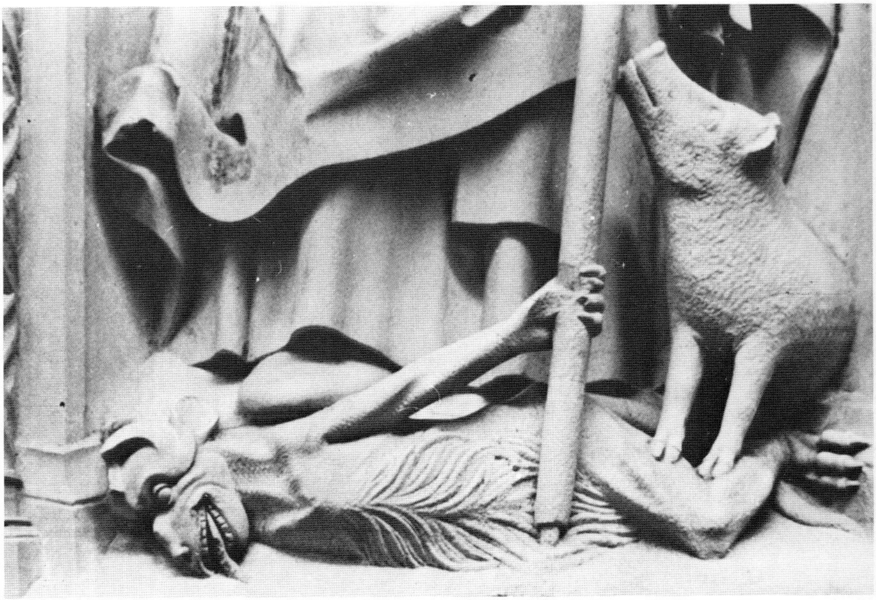

Nachbetrachtung

Menschenbild in Tiergestalt

1973 erschien von der kanadischen Literaturhistorikerin Beryl Rowland ein Buch mit dem Titel »Animals with Human Faces«, das eine ausführliche Erläuterung aller mittelalterlichen Tiersymbolde liefert. In der Art der Darbietung des Materials einer mittelalterlichen Enzyklopädie nachempfunden, greift es inhaltlich weit über den Zeitraum des Mittelalters hinaus. Tiere mit menschlichem Gesicht, so das Fazit, begegnen zu allen Zeiten und in allen Kulturen. Denn immer und überall machte der Mensch die Erfahrung, daß Tiere sich in vielfacher Hinsicht ähnlich verhielten wie er selbst. Wenn der heutige Mensch aufgrund der Ergebnisse in der Biologie und Verhaltensforschung zu dem Schluß kommt, daß es für fast alle seiner für ihn typischen Verhaltensweisen wie Partnerwahl, Kinderpflege, Unterhaltssicherung, Verteidigung des Besitzstands, Zusammenschluß mit Gleichgesinnten und Streben nach besseren Positionen in der gesellschaftlichen Rangordnung Entsprechungen im Tierreich gibt, dann holt er lediglich durch wissenschaftliche Reflexion das ein, was dem sogenannten »primitiven« Menschen immer schon unmittelbar bewußt war: die Erkenntnis seiner tiefen Verbundenheit mit dem Tierreich, ja seiner Tiergestaltigkeit. Derartige Beobachtungen, so könnte man etwas vereinfachend sagen, werden in der heutigen Zeit normalerweise in Form von wissenschaftlichen Aufsätzen und Fachbüchern präsentiert. In der vorwissenschaftlichen Zeit kleideten sie sich jedoch in das Gewand von Fabeln, Tiersymbolen und tiergestaltigen Gottheiten.

Gehört das Bewußtsein seiner Tierähnlichkeit zu den ursprünglichsten, unmittelbar gegebenen Erfahrungen des Menschen, so wird man leicht einsehen, wie gewaltig die Widerstände waren, die jüdische und christliche Theologen zu überwinden hatten, wenn sie die Idee des einen und unsichtbaren Gottes vermitteln wollten, nach dessen Bild und Gleichnis auch der Mensch selbst geschaffen sei. Die große Mehrheit der in theologischen Untersuchungen nicht versierten Gläubigen neigte stets eher zu dem, was sie als unmittelbar gegeben empfand: zum handgreiflichen Bild, d. h. zum Abbild des real erfahrenen, physischen Lebens, sei es in Menschengestalt oder in Tiergestalt. Frühmittelalterliche Bußbücher mit ihren detaillierten Anleitungen, wie der Geistliche bei allen nur denkbaren Vergehen der ihm anvertrauten Gläubigen zu verfahren habe, nennen immer wieder das zeremonielle Tragen von Tierhäuptern als Form des Abfalls vom Glauben, wofür eine strenge Buße aufzuerlegen ist. Vor allzu engen Beziehungen zwischen Mensch und Tierwelt warnt auch der schon früher erwähnte anonyme Matthäuskommentar des 5. Jahrhunderts, wenn er die Sitte germanischer Stämme geißelt, ihre Söhne nach reißenden Bestien zu benennen. Schon in dieser frühen Zeit gibt es jedoch auch Stimmen, die eher von modernem Pragmatismus als von dogmatischer Prinzipientreue zeugen. So schreibt ein Bischof des 5. Jahrhunderts zwar mit einigem Befremden von der Sitte der neu bekehrten Stämme, Viehhäute als rituelle Verkleidung zu benutzen und sich dabei auch Tierköpfe aufzusetzen, doch scheint er dahinter nicht gleich einen Abfall vom Glauben zu vermuten, denn er fragt in diesem Zusammenhang: Wer würde wohl nach nüchterner Überlegung glauben, daß der Hersteller eines Hirschbildes im vollen Besitz seiner Geisteskräfte wäre, wenn er den Wunsch hätte, selbst in das abgebildete wilde Tier verwandelt zu werden.

Die im Entstehen begriffene christliche Gesellschaft konnte und wollte nicht ohne Tierbilder auskommen. Und war nicht letztlich auch das strenge Bilderverbot des Dekalogs, das die Herstellung von Abbildern all dessen, was in der Luft, auf der Erde, unter der Erde und im Meer sich regte, strikt untersagte, von der Bibel selbst relativiert worden, wenn z. B. in den Psalmen die Tiere namentlich aufgefordert werden, in den Lobpreis der ganzen Schöpfung einzustimmen (Ps 148)? Dem über die Rätsel der Welt und seines eigenen Schicksals nachsinnenden Hiob drängt sich die Antwort auf: »Frage doch die wilden Tiere, sie können dich lehren, frage die Vögel in der Luft, sie können es dir erzählen... die Fische der See werden die Aufklärung verschaffen« (Hiob 12,7f.). Welche Erklärung der geplagte Hiob hier erwartet, geht eindeutig aus dem Zusammenhang hervor: Gott ist der Schöpfer, in seinen Händen ruht das Geschick alles dessen, was lebt, also auch sein eigenes. Wenn Tiere über den Schöpfer belehren können, dann, so schloß man, können auch Bilder von ihnen diese Aufgabe leisten. Das Bilderverbot gilt daher nur dann, wenn man die Bilder als Selbstzweck betrachtet, wenn man in ihnen nicht mehr den Verweis auf den Schöpfer sieht. Damit vermochte sich die darstellende Kunst im Christentum erst richtig zu entfalten. Jede Art von Lebewesen durfte demnach berücksichtigt werden, insbesondere natürlich jene, die bereits in der Bibel erwähnt werden.

Solche Bilder von Gottes Kreatur verweisen jedoch von Anfang an den Betrachter nicht ausschließlich auf den Schöpfer allen Lebens. Vielmehr lenken sie seinen Blick gleichzeitig auf sich selbst, seine Kreatürlichkeit, seine mit der physischen Natur bedingten Stärken und Schwächen. Was Menschen lange vor den biblischen Autoren und den frühchristlichen Theologen über ihr Verhältnis zu den Tieren gedacht, wie sie sich mit ihnen verglichen hatten, das prägt auch die Tiervorstellungen der Vertreter des Einen Gottes. Ist ein Tierbild im nichtbiblischen Bereich offen für mehrere Deutungen, wird es in der Regel auch in der Bibel so sein. So gilt z. B. der Löwe von altersher als reißendes Ungeheuer, aber auch als ein Wesen, das Macht, Würde und Herrschaftsanspruch verkörpert. In der Bibel taucht deshalb der Löwe einerseits als brüllendes, Menschen verschlingendes Monstrum und damit auch als ein Bild von Gottes Widersacher auf (Prov 28,15; 1 Petr 5,8). An anderer Stelle bezeichnet sie jedoch Christus selbst als gewaltigen, siegreichen Löwen (Apk 5,5). Frühchristliche Autoren sollten später nach Auswertung antiker Tierbücher das Bild des Löwen um eine Anzahl weiterer Deutungsmöglichkeiten bereichern. Der besondere Reiz eines Tiersymbols liegt, so scheint es, nicht zuletzt in seiner Vieldeutigkeit. Für den Autor eines literarischen Werks oder den für die künstlerische Ausstattung eines Kirchenraums Verantwortlichen bot es die Möglichkeit, intellektuell und ästhetisch anspruchslose und wenig attraktive direkte Formulierungen durch vieldeutige indirekte Anspielungen zu ersetzen.

Autoren vom Rang eines Wolfram von Eschenbach machen sich gelegentlich geradezu einen Spaß daraus, den Leser mit Hilfe eines Tierbilds über ihre Absichten zu informieren und gleichzeitig im unklaren zu lassen. Ein Mensch, so heißt es in der Einleitung des Parzival, bei dem sich Verzagtheit und mutige Entschlossenheit miteinander mischen, ist mit dem schwarzweißen Federkleid einer Elster zu vergleichen. Dennoch könne solch ein Mensch letztlich noch froh sein, daß bei ihm zumindest beide Möglichkeiten vertreten seien. Unverständigen Leuten, so fährt der Autor fort, sei dieses fliegende Gleichnis allzu schnell. Es schwanke vor ihren Augen wie das flüchtige Bild eines aufspringenden Hasen (Parzival 1,1–15). Wer durch dieses komplizierte doppelte Tiergleichnis noch nicht entmutigt ist, so mag sich der Autor ausgerechnet haben, der gehört sicherlich zu den Verständigen, die seiner Dichtung die nötige geistige Aufgeschlossenheit entgegenbringen.

Wolframs großer literarischer Zeitgenosse Gottfried von Straßburg äußert sich allerdings ziemlich abfällig über jenen aufspringenden Hasen (Tristan 4638 ff.), präsentiert dann jedoch mit dem Eber seines Helden Tristan ein Tierbild, das ebenfalls alles andere als eindeutig ist. Das im Mittelalter so beliebte Sprechen in Tierbildern kann demnach keineswegs lediglich als Ausdruck eines naiven Naturverständnisses gedeutet werden, sondern zeigt im Gegenteil ein beträchtliches Abstraktionsniveau, das die Vieldeutigkeit des Bildes bewußt einkalkuliert. Dies gilt in besonderer Weise auch für die hier untersuchten Bilder von Schwein und Eber, die eine große Vielfalt von

Deutungsmöglichkeiten aufweisen. Gerade in dieser mangelnden Eindeutigkeit offenbart sich letztlich nichts anders als die komplizierte Vieldeutigkeit der menschlichen Natur. Wie sich das Wesen des Menschen im Grunde einer Definition entzieht, so ist es auch mit vielen aus dem Mittelalter überlieferten Tierbildern. Denn nicht so sehr die jeweilige Tiernatur, sondern vielmehr die Menschennatur sollen ja jene Bilder entschlüsseln. Stellt man in Rechnung, daß uns neben den hier präsentierten Bildern von Schwein und Eber eine Unzahl von Bildern anderer Tiere überliefert ist, deren Entschlüsselung ähnlich komplizierte Deutungsmöglichkeiten offenbaren würde, dann gewinnt man eine leise Ahnung von der Vielschichtigkeit mittelalterlicher Reflexion des Menschen über sich selbst, über seine ihn mit dem Tier verbindende Kreatürlichkeit wie auch über seine geistigen Anlagen und Fähigkeiten.

Auswahlbibliographie

Texte und Quellenwerke

Die Kirchenväter und frühmittelalterlichen Theologen wurden in der Regel nach folgenden Gesamtausgaben zitiert:

CCCM = Corpus Christianorum Continuatio Medievalis
CCSL = Corpus Christianorum, Series Latina, Turnhout 1953 ff., 180 Bde. geplant
PL = Patrologiae Cursus Completus, hrsg. v. J. P. Migne Paris 1844–64, 221 Bde.

Albert Magnus, De animalibus libri XXVI, ed. H. Stadler, 2 Bde., Münster 1916/20
Annolied, hrsg. v. W. Bulst, Heidelberg 1961²
Bartolomaeus Anglicus, De proprietatibus rerum, Frankfurt 1601
Biblia Sacra iuxta Vulgatam Versionem, 2 Bde., Stuttgart 1969
Beowulf, nach der Ausgabe von Heyne-Schücking, hrsg. v. E. von Schaubert, Paderborn 1958¹⁷
Geoffrey of Monmouth, Historia Regum Britanniae, hrsg. v. R. Griscom, London/New York 1929
Gottfried von Straßburg, Tristan und Isolde, hrsg. v. Fr. Ranke, Berlin 1958
Isidori Hispalensis Episcopi etymologiarum libri XX, ed. W. M. Lindsay, Oxford 1911
Kaiserchronik, hrsg. von E. Schröder, in: MGH, Deutsche Chroniken, Bd. I,1, Hannover 1895
The Mabinogion, engl. Übersetzung von J. Gantz, Penguin Classics 1976
Rolandslied, hrsg. von C. Wesle, Halle 1955
Thomas von Cantimpré, Liber De natura rerum, hrsg. von E. Boese, Berlin 1973
Vinzenz von Beauvais, Speculum Naturale, Graz 1964 (Nachdr. d. Ausg. v. 1624)
Ysengrimus, hrsg. v. Ernst Voigt, Halle 1884

Ein ausführliches systematisches Verzeichnis mittelalterlicher Schweinedarstellungen kann beim Autor bezogen werden.

Sekundärliteratur

Beck, Heinrich: Das Ebersignum im Germanischen, Ein Beitrag zur germanischen Tiersymbolik, Berlin 1965.
Bichon, Jean: L'Animal dans la Litterature Française au XIIème et au XIIIème siècles, 2 Bde., Université de Lille III 1976.
Danckert, Werner: Unehrliche Leute, Die verfemten Berufe, Bern 1979.
Debidour, Victor-Henri: Le bestiaire sculpté du moyen âge en France, Paris 1961.
Edel, Doris: Helden auf Freiersfüßen, »Tochmarc Emire« und »Mal y Kavas Kulhwch Olwen«, Studien zur frühen inselkeltischen Erzähltradition, Amsterdam 1980.

Ereignis-Karikaturen, Geschichte in Spottbildern 1600–1930, Ausstellungskatalog des Westfälischen Landesmuseums für Kunst und Kulturgeschichte, Münster 1983.
Frazer, J. G.: The Golden Bough, London 1922.
Gómez, Isabel Mateo: Temas Profanos en la Escultura Gótica Española, Las Sillerias de Coro, Madrid 1979.
Hammerstein, Reinhold: Diabolus in Musica, Studien zur Ikonographie der Musik im Mittelalter, München 1974.
Hatto, A. T.: »Venus und Adonis« – and the Boar, in: Modern Languages Review 41/1946, S. 353–361.
Jones, Gwyn: Kings Beasts and Heroes, London 1972.
Klingender, Francis: Animals in Art and Thought to the End of the Middle Ages, London 1971.
Lexikon der christlichen Ikonographie, Rom/Freiburg 1972.
Ohly, Friedrich: Synagoge und Ecclesia, Typologisches in mittelalterlicher Dichtung, 1966.
–: Vom geistigen Sinn des Wortes im Mittelalter, Darmstadt 1966.
Pfister, Friedrich: Das Bild des Ebers als Amulett und Symbol, in: Archeologia Sofija XVI/1950, S. 249–255.
Porci e Porcari nel Medioevo, (Katalog zu einer Ausstellung zur mittelalterlichen Schweinezucht in San Marino di Bentivoglio), Bologna 1981.
Rowland, Beryl: Animals with Human Faces, Knoxville 1973.
Salmen, Walter: Der fahrende Musiker im europäischen Mittelalter, Kassel 1960.
Scheibelreiter, Georg: Tiernamen und Wappenwesen, Köln–Graz 1976.
Schouwink, Wilfried: The Sow Salaura and her Relatives in Medieval Literature and Art, in: Épopée Animale Fable Fabliau/Actes du IVe Colloque de la Société Internationale Renardienne, ed. G. Bianciotto/M. Salvat, Paris 1984, S. 509–524.
Sillar, Frederick Cameron/Meyler, Ruth Mary: The Symbolic Pig, An anthology of Pigs in literature and art, Edinburgh & London 1961.
Schwab, Ute: Eber aper und porcus in Notkers des Deutschen Rhetorik, Rom 1967.
Speckenbach, Klaus: Der Eber in der deutschen Literatur des Mittelalters, in: Verbum et Signum I, Festschrift F. Ohly, hrsg. von H. Fromm u. a., München 1975, S. 425–476.
Spitz, Hans-Jürgen: Die Metaphorik des geistlichen Schriftsinns, München 1972.
Steppe, K.: Wereld van Vroomheid en Satire, Laat-gotische Koorbanken in Vlaanderen/Kasterlee 1973.
Taylor, Rupert: The Political Prophecy in England, New York 1911.
Thiébaux, Marcelle: The Mouth of the Boar as a Symbol in Medieval Literature, Romance Philology, XXII, 1969–69, S. 281–299.
Werner, Joachim: Der Fund von Ittenheim, ein alamannisches Fürstengrab des 7. Jhs. im Elsaß, Straßburg 1943.
Williams, Gwyn: An Introduction to Welsh Poetry, From the Beginnings to the Sixteenth Century, London 1954.
Zips, Manfred: Tristan und die Ebersymbolik, in: Beiträge zur Geschichte der deutschen Sprache und Literatur 94/1972, S. 134–152.

Ein ausführliches systematisches Verzeichnis mittelalterlicher Schweinedarstellungen kann beim Autor bezogen werden.

Namens- und Sachregister

Abbildungsnachweis

Berner Bürgerbibliothek (Cod. 120,II): 7. Bibliothek des Klosters Neustift, Brixen (Inkunabel der Legenda Aurea): 32. Bodleian Library, Oxford (Ashmole 1511): 1. British Library, London (Harley 4751; Sloane 748): 2, 22. Familie Brunnemer, Sinsheim: 25. Freiherrlich Gemmingensche Bibliothek zu Guttenberg, Neckarmühlbach (Inkunabel von Petrus de Crescentiis): 30. Herzog August Bibliothek, Wolfenbüttel (Flugblätter des 16. und 17. Jhs.): 19, 26. Historisches Museum Frankfurt: 13, 18. Musées de Strasbourg: 4. Foto Peklar, Hartberg/Steiermark: 6. Photographie Giraudon, Paris (RL 12.042, Orléans/Mus. Archéologique): 5. Schnütgen-Museum, Köln (Inv.-Nr. K130): 11. Schwedisches Nationalmuseum, Stockholm: 3. Universitätsbibliothek Heidelberg (Salem IX,51): 8. Westfälisches Landesmuseum, Münster: 20, 27. Thorbecke Verlag, Sigmaringen: 9, 10, 12, 14–17, 21, 23, 24, 28, 29, 31, 33. Titelbild: Württembergische Landesbibliothek Stuttgart, Stuttgarter Bilderpsalter aus dem 9. Jh., fol. 96v.